JN064337

西舘好子

装丁　芳本亨
題字　宮絢子
装画　毬月絵美

はじめに　子守唄は母親のストレスを癒す「処方箋」なのです

子守唄が死語になりつつある現代。この唄が蘇ることを熱望しているおばあちゃんがここにいます。

二十五年前、子どもの虐待が社会をにぎわせるようになり、無理心中の母子のうち、子どもだけが樹海に置き去りにされ死亡するという、痛ましい事件がありました。

このあたりからすでに子ども受難の時代が幕を開けていたのかもしれません。

子を樹海に置き去りにして生き延びた母親は今でいえばシングルマザー。働きつつの子育てに不安と疲労の極致にいたのでしょう。

相談する人もなく、また親も近くにいませんでした。何より、子育ての現場を知らない、知恵も働かない、孤独の中の子育てに疲れ切っていたのです。

大家族の時代はすでに遠く、核家族が当たり前になっていた中では、行き詰まった親子関係が精神不安を加速していっても不思議ではありません。

かつて母親や祖母が歌っていた子守唄が子育ての風景から消えていったのは時間の流れの中では当然のことかもしれません。

しかし、その本質は何一つ変わっていません。子守唄と名が付くからといって、この唄を子どもが理解して価値を持つというものではないことが基本なのです。子どもは歌われる対象としてあるだけで、実は子育てする母親のために必要な「処方箋」と理解していただきたいと思います。

子育ては一人の人間を産み、育て、社会に送り出すプロセスです。大事業には違いないけれど、愛情が潤滑油の仕事ですから、つらくて悲しいことではなく、子の成長と同じに自分自身の成長の場でもあります。

女性が強くなり、男性とすべての面で遜色ない働きができるまでになった現代。さらに人間としての柔らかさや、大きさを得る要素は「女性」にこそ求められている時代です。

子守唄は、母親の数だけ存在します。

我が子への呼びかけは自分自身への問いかけでもあります。母親はシンガーソングライターとなって独自の想像力で様々な言葉を編（あ）んでいきます。子守唄の歌詞には母親の愚痴や不平不満も盛り込まれるものです。

おそらくその正直な本音こそが、人が信頼関係を築く基本の一歩なのだと私は思います。

子守唄はなくしていけない歌なのです。人間がいる限り。

多くの女性たちは子育てのつらさを人生の宝物にしていきます。

子守唄の取材は二十数年にも及び、今も続けています。

二〇二三年六月

西舘好子

目次

第五譜　九州・沖縄地方の子守唄

第一譜
北海道・東北地方の子守唄

子守唄の始まり［アイヌの子守唄］

生物がこの地球に存在して三十八億年が経ち、人類が誕生したのが二十万年くらい前、日本列島に人間がやってきたのが三万年ほど前とされています。日本の最北端、積雪寒冷の地に人間が住みついたという記録はさだかではありませんが、貝塚の遺跡などから、太古からこの地にはアイヌの人たちが生活していたことがわかりました。

その当時の人たちがどんな暮らしをしていたかは、土器や貝塚といったもので推測するほかありません。

そして伝達の手段である「言葉」がどんなものから始まり、使われていったのかは想像してみることしかできません。まして親子関係がどんな形であったかは、見当もつきません。

妊娠や出産のメカニズムが科学的に解明されたり、医学知識があったりしたとも思えません。自然との関わりの中から経験や知恵を絞って生き延び、子育てをしていたのでしょう。

出産による母子の死亡率も高く、子も早逝するのは当たり前、死は生と隣り合わせ、日常茶飯事でした。命は神まかせ、命とは自然に生まれ、自然に返すものという意識があったのは当然かもしれません。

縄文時代には大きな甕（かめ）が家の前に置かれていて、子が死ねば骨はその中に入れられます。あの世とこの世をつなぐ甕は家の守り、魔除けだったのです。その頃のものでしょうか、子どもを背にしてまるで歌っているような口を天に向けている土偶が発見されました（栃木県鶏塚（にわとりづか）古墳出土）。

子守唄を歌っていたかどうかは不明ですが、子への祈りを訴えているようにも見えます。親は子にどんな子守唄を歌ったのでしょうか。あれば、もっとも原始的な形で伝えられたと思われます。何しろ危険極まりない環境にあるのですから、子守唄で安らかに眠るなどは考えられません。

自然との同化、神への畏敬に満ちた暮らしの中から音を主流にして唄は生まれたのではないでしょうか。

縄文文化の研究家であり、膨大なアイヌ語辞典を完成させていらっしゃる岩手県の菅原進さんにお話を伺ったのは二十年以上も前のことです。

私は、縄文人はどんな言葉を発し、子守唄を歌っていたのかを質問しました。

「アイヌ民族は縄文の歴史を色濃く持っています。文字を持たない伝承の文化によって受け継がれてきた民族は文字を必要としませんでした。危険や、合図といった言葉は最小限、必要不可欠な伝達から始まったと思われます。『ウォー』とか『ウウウ』『アッ』といった叫び声や雄叫び(おたけび)のような、つまり母音が表現伝達の手段だったのです。

鳥の声や動物の叫びや鳴き声、風の音や木々の葉のすれる音など、自然との共生から子守唄は生まれたと思います。感性のいい縄文人が子守唄を歌わないとは考えられません。感情が芽生えれば、正直に表現したでしょう。子どもは自然の中で生きる動物となんら変わりなく、むしろ魂の存在として自然と同意語として暮らしていたはずです。可愛いという思いと自然への畏敬を子どもに持っていたと思います。つまり、『神がくださった贈り物』が子どもだったのです」

そういえば、今も伝わるアイヌの唄には「ホーエーホー」「クワークワークワ」「カァーカァーカァー」などフクロウや熊、カラスの声などを真似て歌ったものが多くあります。あれは、子守唄だったのではないでしょうか。

フクロウの鳴き声を真似するのはフクロウの賢さを、熊の鳴き声は熊の強さを、鳥の声では危険を察すれば飛んでいける自由さを、子どもに授けてほしいと神に願ったのが親から子への伝達の最初だったのではないでしょうか。

アイヌに今につながるムックリという口琴（こうきん）楽器は、雨の音や熊の子が親熊を呼ぶ声、風が吹き荒れていく様子を奏でているというのですが、それはきっと静寂の中でしか通用しなかったと思われるほどささやかなやさしい音色です。呪文や祈りの原形を見る思いがします。

アイヌの昔、赤ん坊の寝床は木を大きくくりぬいてその中に子を寝かしますが、時に子は立ったまま紐（ひも）で結わえつけられていたそうです。立ちん坊のゆりかごといった具合ですが、獣に襲われないよう親たちの苦肉の策だったかもしれません。

親の子への愛情は人類の始まりから現代まで、いつになっても変わらないようです。

アイヌの子守唄も年々歌う人が少なくなってきています。

人間の文化財の原型にある唄はもはや伝承より保存という分野に入っていくのでしょうが、その心は子どもへの自然の恵みを心に焼き付けるものだったと思います。現代が忘れ始めている自然へのまなざし、それこそが子守唄であり、自然との共生の中からの叫びを縄文人は持っていたのです。その片鱗を私はアイヌ民族のユーカリや子守唄が継承しているのだと思います。

アイヌの子守唄を一般的には「イフンケ」と言います。音を出して子どもをあやすという意味ですが、ここで歌われるのは歌詞というより、より原始的な音に近いものです。あまり意味のないものが多く、繰り返し繰り返し、音として伝えます。舌の先をふるわせたり、動物の鳴き声を真似したりを繰り返します。

子守唄の「唄」は口に貝と書きますが、これは縄文用語だと菅原進さんから聞かされました。口の貝塚といったことかもしれません。

◉アイヌの子守唄（一）　アオバスク

ホチ[※1]　コック（アオバスク）
フンナ　チシ（誰だ　泣くのは）
トット　オル（母さんに）
フンナ　チシ（誰だ泣くのは）
ケ　キラ（さらっていくぞ）
ホチ　コック
ホチ　コック

チシ　コル　ナク（泣くのはやめろ）
トット　オル
コマレ（戻れ）

◉アイヌの子守唄（二）　トイ　カワ　ホプニペ

トイ　カワ　ホプニペ　モコンネ（地上から昇るのは眠りでしょうか）
モム　カワ　ホプニペ　モコンネ（流れの上から立ち昇るのは眠りでしょうか）
アヨロ[※2]　タ　カムイ　シンタ（アヨロに神のゆりかごが）
ラン　ワ　ワ　クス　アンペ　モコンメ（降りたところから起きるのが眠りですよ）
アフ　ワ　アフ　アフ　ワアフ

※1　ホチコックは熊の居所を教えてくれる賢いフクロウです。泣くと泣く子をさらっていくこわいフクロウでもあるようです。アオバスクにさらわれるから泣かないで早く寝なさいという意味のようです。

※2　アヨロは地名で、「神の遊び場」と言われる海岸のことです。赤ん坊は早逝することが多いところから神ともっとも近い存在という命への畏敬と死の恐怖を親は常に持っていたと思われます。ゆったりと神の手にゆだねつつ、丈夫で生きてほしいと願ったのかもしれません。

北海道

なぜか帯広で採譜された季節の色彩を歌う唄［赤い山　青い山］

自然の厳しい北の国では、季節の移ろいはどれほど美しく感じられたことでしょうか。東京から飛行機で一時間半、札幌には毎年何回かは訪れる機会がありますが、やはり冬の寒さだけは並ではありません。

三十年も前のこと、芝居の公演を広報する営業のための行脚（あんぎゃ）の旅をしました。岩見沢から北に向かうとき、大吹雪に遭いました。頼りは車のヘッドライトだけ、車の中から目を凝らすと民家は左右に建ち並んでいるのに、中からは明かりが漏れている様子はありません。窓にかかっているのはカーテンではなく、厚い毛布だと知って納得しました。防寒のための防備がどれほど必要なのか、寒い国の生活の大変さを思い知らされました。あれから暖房は進歩したのでもうそんなことはないでしょうが、今もさぞや春が待ち遠しいだろうなあと、ついつぶやいてしまいました。

北海道は開拓の地です。その中で労働する男たちも大変だったでしょうが、子育てをする母親の苦労もどんなに大変だったかしれません。待ち遠しい春を待ち、季節に色づく景色を唄に盛り込んで歌った母親たちの心がこんな美しい子守唄を作り出したのです。

赤い山は見事に色づくナナカマドの木でしょうか。青は短い春の期間の新緑の青さでしょうか。無論、白は一面を覆い隠してしまう雪の白さでしょう。季節限定の色を唄にする詩は大人といえども感銘深いものがあったに違いありません。

この唄が帯広地方に採譜されたことから「帯広の子守唄」と言われましたが、研究家の中には「それはありえない」と声があがったことがありました。歌詞の中にある「トチの木」は北海道にはない木という根拠に基づいての主張でした。

しかし、北海道は明治時代に日本の全国津々浦々から入植してきた人たちによって開拓された土地でもあり、入植前の各地方から懐かしさとして持ち込まれたとも考えられます。

◉赤い山　青い山

ねんねの　寝た間に　なにしょいな（あなたが寝たらなにしましょう）
小豆餅の　橡餅（とちもち）や（小豆餅や橡餅でもつくりましょうか）
赤い山に　持っていけば　赤い鳥がつっつく（赤い山に持っていけば赤い鳥がたべてくれるでしょう）

青い山に　持っていけば　青い鳥がつっつく
白い山に　持っていけば　白い鳥がつっつくよ

愛知、石川、福井などの子守唄には「ねんねの寝た間になにしようか」と似たフレーズの子守唄が多々あります。ひょっとすると北陸地方の移住者が故郷をなつかしんで改作し、愛唱したのかもしれません。

この美しい唄に触発されて大正七（一九一八）年に発刊された児童雑誌は「赤い鳥」と命名されました。創刊号にはこの唄を含め、子守唄が十一編掲載されています。

北原白秋はその第四号に童謡として題もそのまま「赤い鳥小鳥」を作詞しましたが、その詩はまさにこの唄を下敷きにしたものでした。

北海道を旅行した白秋が現地でこの唄にふれ、感動したとも言われています。この詩は成田為三によって作曲され、今も多くの人に愛唱されています。素朴で単純なメロディがよりこの詩を引き立てているのではないでしょうか。

◉赤い鳥小鳥（作詞・北原白秋）

赤い鳥小鳥　なぜなぜ赤い　赤い実をたべた
白い鳥小鳥　なぜなぜ白い　白い実をたべた
青い鳥小鳥　なぜなぜ青い　青い実をたべた

日本の季節の美しさを盛り込み、変わる季節に色彩をつけた唄は新旧同じに今も歌い継がれているのです。

白ともっこ〔化け物〕が定番の脅し唄
【津軽の子守唄】

各地の子守唄にはそれぞれ特色があります。

東北は寒くて貧しかった長い歴史があり、どうしても子どもに早寝をしてもらわないと夜なべ仕事や大人の時間が取れないという事情があるせいでしょうか、「脅しの子守唄」が多いようです。脅してでも子どもには早く寝てもらわないと困るからです。

青森の唄にしばしば登場する「白」は寒い東北の雪の色にほかなりません。白い風景の中でオオカミかキツネか、はたまた得体の知れない架空の動物の遠吠えが聞こえてくるというだけで、子どもは恐さのあまり思わず目をギュッとつむって親にしがみついて眠りにつきます。親も次第に脅し上手になり、しがみつく子どものぬくもりにふれ、一層の愛情がわいてくるのでしょう。

山間部の子守唄には他人の目を気にしたり、噂があっという間に近隣に広まるせいでしょうが、子守唄に託して次世代に教訓を盛り込んで歌われるのは閉鎖された土地柄のせいかもしれません。

◉おしゃべりは禁物　木造（きづくり）の子守唄

ねんねこやいやこ　ねんねこや
ねんねこ山の　白犬は
一匹吠ゆれば　みな吠ゆる

この唄などは、犬ではなくてオオカミという怖い集団が襲ってくることで子どもを怖がらせるという一面と、裏には実はもっと怖いのは人間で、誰か一人に何か言えば、あっという間にみんなに広まっていくよ、といった地元ならではの教えが隠されているのです。地方の持つ人の関係の「濃さ」は時に嫁に来た若妻を苦しめることもあったのでしょう。次に挙げる唄にもそんな背景が伺われます。

◉津軽の子守唄

寝ねば山からもっこ（化け物）来るぁあね
泣けば里から鬼くるぁね

俺の誰がしさんは　早よねんねんせい
やあいやあい

確かに噂話ほど怖いものはありません。泣くのは子どもなのに、泣かせているのは嫁と言われかねません。

噂や憶測で面白おかしく吹聴される対象になれば、里には鬼が住むと思ってもしょうがないことかもしれません。

なお、もっこは蒙古とも言われています。『東日流外三郡誌』という古史古伝の中に、弘安四（一二八一）年に蒙古軍の襲来で十三湊一帯は全滅、一夜のうちに灰となったという記載があります。

そのとき、この子守唄が流行したとあります。

おら家のめこい子ァ　泣くじゃない
泣けば海から蒙古来る
泣くな　泣くじゃない

この唄では、子守唄は蒙古襲来で九死に一生を得た島民がその恐怖を子々孫々に伝え残したものとされています。

一年の半分ほどを占める寒く長い冬は、男なら体力をつけることで乗り越えられるかもしれませんが、家にいる女は子どもをみながら家事に励むしかありません。手を休めず、藁(わら)打ちや草履(ぞうり)づくりなどの残業をしたり、縫いものをしたり、刺し子に夢中になったりして過ごすのです。

炉辺(ろへん)で紺地の布に白い木綿糸で模様を刺す「刺し子」は線だけで模様を作る痛々しいまで根気のいる単純な作業ですが、無我夢中なのではなく、無駄口もきかずに済むし、我を忘れる一心の作業に没頭している方がわずらわしくないと感じていたのかもしれません。刺し子は別名「バカ刺し」。誰もができる単純作業という意味でしょうか、随分な言い方です。口もきけぬ若い嫁のふさぎ込んだ心がにじんでくるようです。

北の子守唄は単純です。北国の厳寒に降る雪のように、重くふさいだ心はそのまま単純な言葉になって子どもに歌われているようにも感じます。

唄同様、心も表情もそう簡単には見せてくれそうにないのが青森県の女性の特徴と言われていますが、本当でしょうか。

日頃の、その反動のせいでしょうか、短い夏の日に一気に命を爆発させる「ねぶた」では町中が狂ったようににぎわいます。ねぶたでは、武者や鬼面に混ざり、必ず豊満な丸顔の女性の作品が出てきますが、あれは男たちの女性讃歌かもしれません。家を守りきる女への感謝の気持ちでしょうか。はたまた詫びの心でしょうか。

舅や姑、因習や家の重みに耐えて子育てする妻への思いやりが武将や英雄の中に混じり、夜の町の中、柔らかな女性を象った山車に灯された明かりに「ねぶた」の醍醐味や深さが感じられます。

◉津軽方言詩

「冬の月」

嬶ごと殴らいで戸外サ出ハれば
まんどろだお月様だ
吹雪だ後の吹溜こいで
何処エぐどもなぐ俺ア出て来たンだ
――ドしてあたらネ憎ぐなるのだベナ

憎がるのア愛(めご)がるより本気ネなるもんだネ
そして今まだ愛いど思うのアドしたごとだバ
あゝ　みんな吹雪(ふぎ)ど同じせエ
過ぎでしまれば
まんどろだお月様だネ
（津軽方言詩集「まるめろ」より　高木恭造「冬の月」）

妻をなぐり外に出て仰ぎ見る月。憎いと思う一瞬よりやっぱり愛しいと思う気持ちの方が強い。東北の男のはにかみの表現は風土が育む色濃い心情の顕(あらわ)れなのでしょうが、この複雑な愛情表現は下町育ちの私にはまったくわかりません。なにか重い感じがしてならないし、東北の男の鈍重さと不器用さがのしかかってきそうな気がします。こわいといったほうがあたっているかもしれませんが。

◉青森の子守唄　おれのおんぼこア

ねんねこねんねこねんねこせ

おば（赤ん坊）のお父さはどこ行ったえ
お父さ鳥っこ町さ　鳥っこ買いに行った
お母さ鰈っこ町さ　鰈っこ買いに行った
兄の馬鹿者芝刈りさ行った
柴にはじかれて　七転び
もうひとげり（もう一度）ころげば八転び
寝ろじゃ寝ろじゃ　やいやいやいやい

母親たちの詫びの唄
〔恐山の子守唄〕

中村タケさんという盲目のイタコを訪ねて八戸へ行きました。修験僧と同じように難行苦行の修行をし、降霊術を得たイタコはもはや、わが国にはタケさんお一人ということです。

お会いすれば普通のお婆さんで、全盲とはまったくわかりません。立ち居振る舞いは当たり前で、お茶もしっかりいれてくださり、身軽な動作に一つの狂いもありません。

父母、亡き妹たちの降霊をお願いし、タケさんのうしろで頭をたれていると、やはり普通とはちがう霊気を感じます。長い数珠の擦れる音とタケさんの声のトーンが地から這い出してくる巨大なマグマのように感じられるせいでしょうか。

「帰命頂礼……」で始まる降霊は、イタコを媒介して死者の声として語られる「口寄せ」の儀式です。

訛りの強い方言で語られるので意味はよくわかりません。和讃とも、浪曲や時に口説きや、お経や民謡もすべて駆使した音楽のようにも聞こえ、だんだん呪文にかかったような感じがしてきます。

「よく俺を呼んでくれた」「お前が呼んでくれたのでこれであの世での位が上がった」「今は極楽にいる」などと、生前の声として聞き取れるところだけは理解でき、だんだんに聞く私の方が、あの世に逝った人が今も当たり前に暮らしているように思え、安心してくるからなんとも不思議です。

あの世では、生きているうちにああもしてやりたかったという後悔が誰にもあるらしいのですが、霊はまず生前の後悔と詫び、忘れることなくここに呼んでくれたことの礼に始まります。そんなことも思ってあの世にいるとすれば、かわいそうな気もします。

タケさんにお会いした翌日、私は恐山を訪ねました。恐山は青森県下北半島中央部にあります。地獄への入り口とされている地で、様々な名がついた地獄が点在しています。荒涼とした岩肌をさらした小山と鼻をつく硫黄の強烈なにおい。けっして気持ちのいい場所ではありませんが、人は誰しも大切な人との別れを経験します。

死の悲しみの心情をそのまま表しているかのような殺伐とした景色です。

風車が風に舞い、火山灰と硫黄のにおいの立ち込める岩山は無味乾燥としており、荒れ果て、惨たる地獄とその先の極楽へと繋がっていくと昔の人が信じたのもよくわかります。

生と死はここでは繋がっているというのです。生者は死者を思い、死者を偲んでこの場所に来て自分の中に死者を生き返らせるのです。

子守唄と「恐山」とはどんな関係があるのかそれは不明です。しかし、この山の始まりは間引きされた子の捨て場としてあったという歴史が、私にはとても興味があったのです。

ここでは親より早くに逝った子どもたちが小石を積んで一重積んでは父のため、二重積んでは母のためと回向するのに、日暮れになると地獄の鬼が来てせっかく積んだ石を崩してしまうという物語が通説です。

この物語は「賽の河原地蔵和讃」によって有名ですが、この和讃の導入はそのまま、そんな思いをさせている親の子どもたちへの詫び、それを歌い継ぎ続ける「子守唄」のように私は思っています。

いつまでもその子の死を忘れず、慚愧と後悔を涙として悲しむことで、救われていく生者の業が共存しているようです。親は地獄を連想させる恐山へ毎年やって来ては、あの世の子どもと再会し、極楽の湯に身を浸し、明日を生きるために下山していくのです。

死んだ者は二度と帰らない。悲しみつつ諦めていく儀式を母親たちはこの恐山で味わっていくのでしょうか。

恐山の入り口には亡き人との降霊を頼み、お互いの交霊をしてくれるというイタコたちの小屋が並びます。どの小屋からも泣き笑いが聞こえ、とても陽気に思えました。いわばイタコは現代で言うところの精神安定剤やカウンセラーの役割を果たしている存在なのかもしれません。

「でも本当は鬼は子どもと一緒になってあの世で遊んでいるのですよ」

そう話してくれたのは、恐山菩提寺圓通(えんつう)寺の南住職。曹洞宗の僧侶です。住職独得の解釈かもしれませんが、とても救われる仏教観に思えます。

あ、そうなのか、鬼ごっこはそこから始まったのでは……そんな思いがふと心を安らげてくれました。

わらべ唄は生活の中から生まれているというのは本当なのです。そして悲しい死はあの世の楽しい物語への転化をさせる愛情の表れかもしれません。

◉下北半島の子守唄

ねねば　山から化物(もっこ)くるよお
泣けば里から鬼くるぁね
カラスが飛んできて　風車

トンビの車の鉦(かね)叩きの叩き
爺様(じいさま)は地獄さ音信(びく)かきに
おらへの婆さ　また寺さ　寺まいりよ
寝ろてねろや

この子守唄の意味は不明です。津軽のあちこちに問い合せをしましたがわかりません。

「爺様は地獄さ音信かきに」は、とくにわかりません。死者となった子に手紙を書くといったこととかともとれます。

岩手県

りよばあちゃん百歳が歌う〔沼宮内の子守唄〕

小学校の校庭で遊ぶ子どもたちの声がこだましています。三浦りよさんの岩手県のおうちは小学校の校庭の前。

りよさんはしゃれた網の黒いターバンで髪をまとめ、昔のかっぽう着をつけていました。少し腰をまげつつ、にこにこして現れました。もうすぐ百歳とは到底見えません。

洒落たアーチのある玄関は都会と同じ、家は息子さんの代になり、孫やひ孫も遊びに来るということで、長い廊下には赤ちゃんの衣類がほされ、白い障子から陽が部屋にこぼれていました。

「ここ沼宮内(ぬまくない)は宿場町で、馬の競り市もあって、そりゃあにぎやかな街でしたよ」

「私はそこで十七歳まで子守していて、育てた子が可愛くて、情が移ったのかね。連れて帰れるものなら連れて帰りたいくらいだった」

「翌年に結婚して八人の子をなしました。子守唄を歌う暇はなかったよ。歌うようになったのは孫やひ孫ができてから」

「子どもが可愛くて可愛くて」

以後この言葉はりよさんの口から何度でてきたことでしょう。

傍ら（かたわ）の柳行李（やなぎこうり）にはなんとまだ生まれたての玄孫（やしゃご）が眠っていました。りよばあちゃんと赤ん坊の年の差は百歳、一世紀がまるごとこの部屋に一緒にいるのです。

使用前使用後などという簡単なものではありません。

「私の手は天狗のうちわだよ」

節のある大きな手は確かに若き日の労働を思わせます。

その手がやさしく玄孫に添えられ、時に行李をゆすりながら「ええ、よしよし」と言いながら、できたてのお饅頭のような赤子をあやし続けるのです。

「なあに、子どもが次々できたけれど、なんぼかめごくて（とっても可愛くて）、子育てをつらいなんて思ったことはただの一度もなかった。丈夫で育ってくれたからねぇ」

「子どもがいてくれることがうれしくて、転がっている石にまで、宝物をくれてありがとうって礼を言って道を歩いたもんだ。子を持つ喜びにまさるものなんてほかになんにもない」

「悔いることといえば、『もう一人養子を』と言われた子をもらえなかったこと。可哀そうなことをしてしまって、今でも悔やんでいる」

「人様の子でもわが子でも、子どもは全部親の宝だ。人の宝だよ。宝が増えればどんな子も大事大事。八人生んで孫とひ孫の数は？……ええと、今何人になったかねえ」

このあっけらかんさは子育てにどれほど大切か。

「神経質に思うようには子どもは育たないというのは当たり前。子はいるだけでいい、丈夫なら感謝。苦労？　そんなのは生きていれば当たり前。子どもの笑顔を見れば全部忘れてしまうのが親というものだ」

達観の上に育児の達人は生まれるのでしょう。りよさんは、玄孫に歌い続けました。柳行李とりよさんの唄がよほど心地よかったのでしょうか、赤ちゃんはすぐに寝入ってしまいました。

そんなりよさんが亡くなったという連絡を受けたのはそれから数か月後のことでした。あと数日で百歳というお祝いの準備の朝に静かに床の上で亡くなっていたそうです。歌われた録音テープを持参したのですが、それは息子さんによって仏壇に供えられました。

◉岩手沼宮内りよばあさんの子守唄

ねんねこねんころ　ねんねこな

ぼうやは良い子だ　可愛い子だ
ねんねこ　子守はつらいもの
母さんに叱られ　子になかれ
近所の友達にゃ　はぎとられ（仲間外れにされる）
早くお正月来ればいい
ふろしきつつみに　下駄っこしょって
母さんさよなら　もう来ない
父さんさよなら　もう来ない
そなごどいわので　まだおでえれ
ねんねこねんねこ　ねんねこな

典型的な守り子唄で、つらいという言葉が唄の中に必ず入っています。りよさんは子どもといればつらいことはなかったと言っていますが、それでも歌い継がれた子守唄をどこからか聞いて、自分も歌ったのだと思います。守り子唄は子守自身の心情の吐露（とろ）なのです。

神様が子守に出張するなんて【二戸の子守唄】

子守神社なるものがあるなんて……？

国道4号線を北上、八戸方面に向かうと二戸(にのへ)のあたりで「子守」と書いてある標識に出会います。右手の部落から一本の歩道橋がかかっていて、それが子守神社だけのために造られた歩道橋です。こんもりした森に囲まれ国道からは鳥居が見えます。

世の中から忘れられているかのようなお社(やしろ)です。実はこの子守神社は別名「おっぱい神社」と言います。正徳六（一七一六）年に創建されました。この神社の別当さんは歴代「大矢嘉兵衛」を名乗り、現在は九代目、「大矢嘉康」さんが務めています。初代は、福井県敦賀の人で奉公先の出店、大工槌屋の子守奉公に来て、ここで大矢家を継いだそうです。寛政十二（一八〇〇）年に五十歳で没したというのですが、文献がなく詳細は不明です。

神社は「お乳がよく出る」神様なのでしょうか、子宝、不妊に効くといわれています。霊験あらたかな子守の神様です。

さらしの布をおっぱいの形にし袋状にします。先端に乳首を作り、その中に米をいれて奉納し、祈願して持ち帰り、その米を炊いて食べると子宝に恵まれるとされています。かつては「本当に願いが叶う」と、随分多くの人が他県から訪れたそうです。

現在はこの神社を、子守集落の八所帯の皆さんが守っています。面白いのは毎年一月三日の御神酒上げです。夜、集落の全員が神社に集まって留守番をするというしきたりです。以前は三月三日にも祭典があり、三月二日の夜中から三日の夜中まではやはり集落の全員がお堂に入り留守番をしました。

なぜかといえば、神様が各地に子守に行って留守になるからだそうです。本当でしょうか？

「神様はどこに子守に行くのですか」

と聞きましたが、「さて、一向に知りません、でも日本のどこかです」と答えが返ってきました。

こうした集まりでは「地域」の健在さを自分たちで演出しているようにも思えます。いろいろな理由をつけて集落の親睦を兼ねているのかもしれません。

まだ寒い春の一日、集落全員が神様不在の時間に愚痴や不満をはきだし、笑いながら過ごすほほえましい風景がなくなってきている今こそ続けてほしいと思わざるを得ません。

この集落の人の苗字に「子守」という名が多いのも不思議です。一人ずつが、子守奉公をしたわけでもないようです。また、親戚という縁続きでもないようです。

少し先に「御所野（ごしょの）」という縄文の遺跡があり、集落が見つかっていますが、以前からこの近辺には地域を作り守る集落の歴史が眠っているのかもしれません。

今では瓦ぶきの豊かな屋敷が並び、キャベツ御殿、レタス御殿と呼ばれるほどの豪農の多い集落です。

◉子守地方の子守唄

ねんねんころころ　ねんころろ
ねんねこしておひなたなら　小豆まんまさ　ごまかけて
もしもそれがお嫌いなら　白いまんまに　鮭の魚
もしもそれがお嫌いなら　あんころ餅に醤油団子
ししコ（こいわし）　いわしっコ　鰈（かれ）っコ
おっかあ居ないで　泣かせるな
ねんねんころころ　みんころろ

宮城県

慰めと生きる力
被災地【気仙沼の子守唄】

平成二十三（二〇一一）年三月十一日に東北地方を襲った東日本大震災。千年に一度という大津波をともなう未曾有の大災害となりました。

地震発生時、私は京都の青蓮院（しょうれんいん）の門前に立っていました。東伏見門主と、仕事の打ち合わせを終え、見事な庭園を探索し玄関に向かっていたときです。

「大変な地震が起きたらしい」と目の前の茶店の前で数人の人がたむろし話をしていました。ですが、まさかあれほどの災害とはそのときは予想もできず、「万が一、東京に帰れなかったらどうしよう」と心配が先にたったほどでした。

あの日、春の京都は本当に穏やかでした。しかし、午後には日本中に津波の映像が流れ、夜にはほとんどのイベントが中止され、京都の繁華街もひっそり灯が消えたようになりました。日本中がテレビに釘付けだったのです。東北を襲った息をのむ惨状に、日本は壊滅するのではないだろうか、と震えが来ました。私も東北には多くの縁者や知人がいましたが、連絡はいずれの方法でもまったく取れませんでした。

翌日、帰京が叶い、事務所に着くなり赤ちゃんのおむつやミルクを被災地に送る活動を始めました。これが至難の業で店頭からはどんな品物も消えていました。

そんな中、事務所に一件のメールが届きました。「今こそ被災地に子守唄を届けてほしい。すべてを失くし、身を横たえていた避難所で夜に流れていたラジオからの子守唄がどれほど希望と再起につながったかしれない。どんなものより被災者は明日に生きる力がほしいはず」という、神戸でおきた阪神大震災を経験した医師からのメールでした。

「子守唄」をキーワードとして活動してきた日本子守唄協会に突きつけられたなにかを感じました。机の上の話ではない。子守唄が消えようとしている今、果たしてこの唄の力をどうしたら伝えられるだろうか、伝わるだろうか、という日頃の私の「問い」の答えがあるかもしれない。それが、被災者の本当の慰めになればどんなにいいだろう。

とはいえ、東北へは交通も宿泊もままなりませんでしたが、幸いその間に避難所となっている体育館とお寺に行くという計画が浄土宗ともいき財団で進められ、ご一緒させていただくこととなりました。やっと実現できたのは一か月後、大きな余震が再度関東をも襲った震災翌月の四月八日のことでした。

まる一日かかって翌九日夕刻に宮城県気仙沼に到着、早速山の上の寺で慰問コンサートが開催されました。老人のほとんどは布団にくるまれて寝ている中、子どもたちはリュックを背にしたまま元気に外で遊んでいました。コンサートといっても、楽器はハーモニカ、唄は子守唄……「ねんねん　ころりよ」の一声で布団から這い出すように放心した顔がのぞいたのはその瞬間です。それからみんな泣き出しました。「泣けた」と一人のおばあさんが声をあげました。感情が恐怖と疲労で固まってしまっていたのです。

心を取り戻せたのだと私は思いました。

次の体育館でのコンサートも同様にみんなが水を打ったように静かに寄り添って唄を聞いてくれました。終わって外に出れば、海が目の前、潮位(ちょうい)が高くなっているようです。夕闇に海は不気味に眠っているように見えました。

今度は、焚き火の前で暖をとる男たちに向かって、寒風にさらされながら、慰問の意味で子守唄を歌いました。土地に伝わるという子守唄です。一番が歌い終わると漁師らしい初老の男性が間髪を入れず二番を引き継いで歌ってくれました。

「ああ、俺、なんでこんな唄歌えるんだ」

歌い終わると、一度も歌ったことはないはずと当人も信じられないという顔つきでした。

「天国に行ったばあさんのせいだ……今頃はあそこで……」

仰ぐ空もまた不気味な黒さで広がりを見せていました。

「それはあなたの中に眠っていた記憶の宝物箱があいたのですよ」

そっと私はつぶやきました。

私にはそのとき、歌声の向こうに広がる海の彼方にはたくさんの人が乗ってやってくる船が見えました。

多分、あれは先祖たちが助けに来る船の幻影だったのでしょう。しかし、確かに私にはそれがはっきり見えたのです。今でも不思議な体験としか言いようがありません。

◉気仙沼の子守唄

ねんねん　ねんねこ　ねんねこよ
ねんねのお守りは何処(どこ)さいった
ねんねんねんねこ　ねんねこよ
坊やが起きたらなにあげべ
あんずきまんまに　ととそえて
黄金(こがね)のおはしで　食わしょうぞ

冬の寒さという厳しい気候条件の中にあって、米どころ宮城は昔から大江戸の台所を賄(まかな)

うだけの仙台米の宝庫、東北一の雄藩でした。

江戸初期から裕福な都では子守唄も豪勢で「いい子に寝ていたら、あとでご褒美をあげましょう」と、ご褒美を期待をさせて赤子を眠らせていたようです。小豆ごはんに魚を添えて金の箸で食べるというのですから、なんとも贅沢な坊やです。無論、赤ちゃんは食べられませんから、子守唄を歌う大人の日常が自然と歌詞になっているのでしょう。

赤飯を金の箸で食べるという赤ちゃんへの夢は、また親の子への未来への夢なのです。誰もがこんな贅沢を味わえません。ご褒美子守唄は、そうありたい、そうなりたいという大人の愛の言葉として全国に広がっていきました。

宮城が世に輩出した人材はなんと豊かであったことか。目が回るほどきらきら煌(きら)めいています。経済界、学者、文学者、政治家など数えきれません。私は、松島出身の学者兄弟、小倉博（国文学者）・進平（言語学者）・仲吉（海洋学者）・強（建築家）さんたちのことをいつも思います。

兄弟は六人と伺いましたが、皆さん東京大学に進み、一家から三人の日本学士院賞受賞者が出ています。いったいどんな教育をしたのか、知りたいと思いました。わかったことは、読み書きができなかったお母さんは、子どもと文通するため字を覚えたそうです。

まったく叱ったことはないということでした。きっと子守唄を歌ったのではないでしょうか。

改めて思いました。子守唄には確かに力が眠っているようです。先祖の魂がしっかり自分に受け継がれていることを感じるからです。

震災では東北各地に子守唄を届ける旅をしました。

一瞬にして生死を分けた人々の思いは経験しなければおそらくわからない、同情すらうすっぺらに感じる気がしました。被災地ではみんなが一緒に歌ってくれました。子守唄はそのとき、心を鎮める「鎮魂」の響きに満ちていました。

秋田県

なまはげは実はおっかさんの顔
〔雪国の女の子守唄〕

六年前、秋田に行ったときのことです。「なまはげは、あれはおっかさんの顔だよ」というおばあさんに会いました。

今はなまはげも祭りとして行事化してしまいましたが、二十年前頃まではこぢんまりと各集落で大人たちが家々をまわっていたようです。

雪の深い夜道を怖い面をかぶり、大きな刀を携えて「なまはげ」はやってきます。「泣く子はいないか」「悪い子はいないか」「かかを困らせる子はいないか」「いうことを聞かない子はいないか」と叫びながらやってくるのです。

「いいや、あれは化け物じゃない。おっかあの顔そのものを面にしている。いろいろ思いがあるのよ。

秋田では子が生まれれば家計はくるしくなるでしょう。男衆はたいてい冬は出稼ぎさ行き、長いときは昔は三年三か月と決まっていた。かかはそのときは、後家(ごけ)と同じ、さみしいし、肌恋しいし、子育て疲れはするし、畠や内職しなきゃなんねえ、舅姑に気兼ねをするし、心の中はあの『なまはげ』のように鬼の心を持つようになり、顔もおっかなくなる。男衆は帰ってきて、子どもには『いい子でいた？』と脅しながら聞き、かかにはこんな顔になっていたんじゃないか、と諭していたんだよ。かかよ、留守を頼んだぞという男衆の願いの表れが『なまはげ』だったのとちがうかねえ、子どもも泣くけど、かかもはっとする心の動揺があるのじゃないかね」

「おとさがいない中での子育てほど難儀なことはなかったよ。子どもとられる（死ぬ）ことがあってはなんないし、雪は半端じゃないし、寒さはこれまた厳しいし……、布団の中では子どもが湯たんぽ替わりだった、温いねえ、ちいちゃな子は」

「おとさが里に帰ってきて、近所の男衆が集まって酒飲みながらおおきなほうじょ（包丁）作ったりしているのを見るのが、本当に楽しかった。子どもなんぼか驚くべって。私らおなごは酒の用意や料理こさえる、みんなおんなじ思いで待っていたから、材料持ち寄って楽しかったよ」

共同体の良さがうかがえる冬の季節の風物詩は今も健在なのでしょうか。

◉秋田の子守唄

おどけおどけ　何処さ行く
せき（くちびる）　ぶんとばして
花見（鼻）にいったら
けむらし（まゆげ）に　ぼわれて（追われて）
やぶから（頭髪）さに　にげた
おらえのかかさんのおんばくな（横暴な）
隣のおばちゃ　なまはぐな
ほうじょっこ（包丁）とげたかとがいでか（研いだか）

こんな即興の唄が子どもに歌われていたのです。顔の造作を指しながら笑いあって歌います。

そういえば「かまくら」も秋田の雪の行事ですが、「白い」世界はどこかに怖いものと繋がるイメージがあるのでしょうか。「雪女」や「白い犬」は東北全体の子守唄によく見られる脅し唄に共通して登場するものです。久しぶりに帰ってくる夫と唄でふざけ合って

50

夜を過ごす。笑いが少ない中で、身体を使ってのじゃれ唄。ほのぼのしたものを感じます。

秋田県

なぞなぞかけて……［婿取り嫁取りの子守唄］

オペラ「トゥーランドット」は絶世の美女トゥーランドット姫。三つの謎を解いた者を夫として迎え、謎解きができない者は斬首（ざんしゅ）すると発表します。

一　毎夜心によみがえるものは？
二　火ではなく燃え上がるものは？
三　火をつける氷とは？

答えは順に

一　希望
二　血
三　冷たい心を持ちながら男性の心をとらえてやまないトゥーランドット自身

姫は、謎を解いた別国の王子カラフから逆に謎を掛けられ、最後は「愛」という言葉で王子と結ばれます。「愛」がキーワードでした。

日本にも「竹取物語」という婿選びの寓話があります。考えると、かぐや姫は意地が悪いですね。天に帰ることが分かっていて男性に難題を言いつけるのですから。

子守唄にも「婿入り話」はよく見られます。

東北の雪深い地方では娯楽らしい娯楽がなかった冬の夜に、お年寄りや親たちが子どもにお話や謎話をして長い夜を過ごしたようです。

大人たちはこうして閉ざされた冬の楽しみを唄に託して子どもに伝えていたのでしょう。

この子守唄はこんな話から始まります。

長者の家では娘に賢い婿を迎えるため婿候補に難題を出すことになりました。

一　数えきれない梯子(はしご)をばらばらに置いて、その数を早く数えること。

二　大石を持ち上げて投げること。

という二つの問題です。

ある若者が婿選びに立候補しました。

梯子の数を数えるというのもなんだか陳腐ですが、「少しずつまとめて数えること。それを足して掛けて（足し算掛け算を駆使して）数えなさい。石は紙で張った張りぼてだから簡単に持ち上がりますよ」と知恵を働かせた子守娘から梯子の数を数えるコツを教わり、めでたく長者の嫁になったということです。

ひょっとすると、子守娘というのが実はその家の婿をとる娘だったのかもしれません。婿選びは家の一大イベントだったのはうなずけます。

◉おら家のはしご　秋田婿取りの子守唄

おら家のはしごは
一個と二個で　三個だ
二個と三個で　五個だ
五個と五個だば　十個だ
十個と十だば　百個だ
百個ずつ十だば　千個だ
千個ずつだば　万個だでよーよ
おら家の　つぼの石は
籠さ紙張った　石で
風吹けば　飛ぶじゃよーよ

寝かしつけながら数を覚えさせようというのが唄の真意ですが、こんな風習があったのかもしれません。足し算も掛け算も体が早くに覚えてしまうのは生活の知恵というものです。子守唄には数え歌や、年齢や月日を盛り込んだ唄がたくさんあります。

数学などの教育があったわけではなく、数は遊びや唄の中で子に伝承していくしか方法はなかったのです。生きていくための手段は毎日の暮しそのものが授業だったようです。

十月十日はおなかの中に
三十三日は家の中よう
三十三日の日明けもすんで
外への出始め宮参りよう
（愛知の子守唄）

この子泣くので　日に日にやせる
帯の二重が三重まわる
帯の二重が三重まいらいじゃ
締めてみやんせ四重まわる

（三重の子守唄）

といった具合に、数は生活の必須科目の一つ、親は赤子の頃から唄で聞かせることで自然に記憶させていたのでしょう。親の教えは生活の中に生かされていてこそ、子どもの成長に役立っていたのです。

山形県

脅しにもユーモアが
〔白鷹地方の子守唄〕

山形白鷹（しらたか）地方。この地方では子どもを背に負ぶうことを「オンバイヤレ」といいます。少し変わって「オワイヤレ」というところもあります。そこから「オロロンバエ」と軽妙な言葉になって歌われることもあるのです。

純粋で真面目なイメージの強い東北人の中で、日本海側に面した山形県人には多弁で陽気な面も強いといわれています。

私の先夫の井上ひさしさんの生家は白鷹町のお隣、東置賜郡（ひがしおきたま）、日本の代表的な豪雪地帯です。

泊まった日の朝、キラキラ輝いてなんと明るい朝だろう、と窓を開けたらお陽さまではなく雪の壁だったことにびっくりした記憶があります。また、井上さんは普段静かな人でしたが、突然堰を切ったように饒舌になるのに呆然としたこともありました。それも、とても面白い作り話が上手でした。

山形には「てんぽさん」と呼ばれる旅芸人がいて、その人の話は大ほら吹きの作り話でみんなを笑わせる芸でした。「山形県人は実はおしゃべりでひょうきんな人が多いですよ」と言われるように、井上さんもその血をひいていたのでしょうか。

そうした山形県人の特徴が、子守唄にもよく表れています。「寝ないと夜鷹(よたか)にさらわれるよ」という歌詞は、子どもを脅しながらなかなかおどけた雰囲気があります。「夜鷹」はお化けではなく、夜に動き出す鷹のことです。

江戸では夜間に街頭で客を引く売春婦のことをさして「夜鷹」と言いましたが、「夜の鷹にだまされてはいけないよ」といった大人への思いが込められていたのかもしれません。言って聞かせたい相手が夫だったり長男だったりで、「だまされないよう」赤子を寝かせるために歌う唄で、聞いている夫に釘を刺していたのかもしれません。この唄がそんな裏があるように聞こえないのは実に、のどかに歌われているせいかもしれません。口がもつれてしまいそうな子守唄を歌ってあげるのも根気がいりそうです。

冬は雪に覆われ、娯楽のまったくない土地での暮らし方は相当知恵を働かさないと退屈してしまいます。暮らしの彩りに様々な工夫がなされてもおかしくありません。創造力をたくましくして、話を創作するのも楽しみの一つだったのです。

この置賜地方には「雪の日の嫁っこ会」という集まりがあって、初雪の日に新妻となった人が集まり、日ごろの愚痴や子育てなどの話をするのだそうです。「雪の日の嫁っこ会」では、ここで話されたことは門外不出、漏れたら、仲間外れにされるという決まりがあるそうです。伝承的な行事と聞きましたが、今も続いているのでしょうか。

◉山形白鷹地方の子守唄

オンバイヤレ　オンバイヤレ
オナバイヤレヤー
オロロンバエ　オロロンバエ
オロロンバエヤー
オンバエココ　オンバエココ
オンバエココヤー
泣かねで　ねんねんここ　しろよ
泣ぐじと　夜鷹にさるわれんぞ
泣がねで　ねんねこご　ねんねんここよ
ねねんこころう　ねねんこ　しろよ

福島県

いわきの漁師たちが歌う［小名浜の子守唄］

福島県いわき市小名浜に私の母の実家があります。その祖母の地で少女期を過ごした私にとっての、第二の故郷、忘れることのできない思い出の土地です。魚と重油のにおいが充満する港町、真っ青な空と波の音が絶え間なく聞こえる中で子ども時代を送ったあの頃は、戦後の豊漁と常磐炭鉱の活気で沸きに沸いていた時期でした。

小学校入学寸前まで私は一日の大半を海辺で過ごしました。夏は泳ぎ、葭簀の日陰で昼寝をし、漁師の釣りたての魚料理を食べて、また泳ぎに行く、飽きもせず一日中海と一緒にいたものです。それこそ、波の音は子守唄でした。今でも夏の青い空を見ると紺碧の海と潮の香りの中に心を遊ばせることができます。鮮明な記憶の思い出がよみがえるせいでしょう。

私の祖父は網元で、多くの漁師を束ねて外洋までも漁に出ます。けっして無駄口をきかず、いつも裸に派手な柄が描いてある万祝をはおり、神棚の前にどっかりすわっていました。万祝とは、漁師の晴れ着となった長半纏のことです。鮮やかな色で染め上げられたもので鶴亀、鯛、宝船、七福神など縁起のいいものが大胆に描かれています。下はふんどし、万祝を羽織り、大漁船の船先に両腕組んで港に入るのを見るのは子ども心にも、海の男の格好良さがわかりました。この祖父の命令が海辺にいる漁師たちに飛んでいたせいで、私はみんなに見守られて無事に海にいられたのだとあとになって気づきました。
　漁から帰る男たちは陸にあがると真っ裸になり広い板敷きにごろ寝し、夜になると盛大な酒宴が始まります。

◉いわきの「目出た」

目出た目出たの　若松さまよ
枝も栄えて葉もしげる
目出た目出たと　三つ重なれど
天の岩戸も　押し開く
金のなる木は　船王さまよ
内に飛び込む　浜恵比寿

「まだら」と呼ばれる祝い唄は序曲です。船底一枚下は地獄という思いで漁に出るのですから、帰れば緊張の糸はいっぺんに取り除かれ、唄の一つもでるのです。

酒が入ればざれ唄になりますが、皆で「やったやった」と合いの手を入れます。

はあー山で赤いのは　つつじに椿
咲いてからまる　藤の花
やったやった　やったよ

といっては次々即興で歌いあげます。

私は祖父の万祝に包まれて、そんな子守唄の中ですやすや寝ていたわけです。

漁師町の子守唄を四十年にわたって採譜していた佐藤孝徳さんにお会いしたのは東日本大震災の二年前でした。部屋一杯所狭しと並べられた採譜の楽譜やテープは佐藤さんの命の財産でした。なのに翌年、佐藤さんは急逝しました。船乗り、船大工、網大工、飯炊き、女中、浜のものはみんな唄が好きでよく歌っていたと言います。

船の神様安波（あんば）さんは女なので、やきもちを焼くので船には女を乗せないそうですが、漁師たちのおのおのが女性とされる安波さんへの捧げ唄を歌う習慣がありました。「盆歌（じょんがら）」「寒念仏（かんねんぶつ）」「大津絵節（おおつえぶし）」「鳥追いの唄」「船甚句（じんく）」など貴重な資料をお伺いしたときにいただきましたが、四畳半いっぱいの採集資料はその翌年かろうじて難を逃れたというもののその先どうなったかは不明です。跡取りのない佐藤さんの無念が思いやられてなりません。

最後にお会いしたときに教えていただいた子守唄が佐藤さんの最期の遺産となりました。私の港町の思い出の終止符のように思えてなりません。

●小名浜の子守唄（佐藤孝徳さん採譜）

酒の肴に数の子よかろう
親は鰊（ニシン）で　子はあまだ
いくら山だし新木の櫓（やぐら）でも
船頭さん押さねば　日がたたぬ
親のない子と浜辺の千鳥

日がくれれば　ひおひおと
蛸に骨ない　ミミズに目がない
いわき平は城がない
唄は下手でも　出すのは上手
出さぬ船には漁がない
この子育てよ　あいさつさせよ
朝はおはよう　ゆうげはおばん
海は荒れても心は荒らすな
海はやがては凪(なぎ)になる

第二譜

関東地方の子守唄

浮気封じか慰めか 茨城で大流行［かっこんかっこんの唄］

江戸時代の「吉原」といえば爛熟した大江戸の代名詞でした。遊里という特殊な場所には物語以上の物語が語り継がれ庶民の心をくすぐりました。とりわけ男性にとって吉原は「憧れの場所」であったようです。

古典落語に「紺屋高尾（こうやたかお）」という演目があります。実際に紺屋高尾という名の花魁（おいらん）は実在したそうですが、物語が事実かどうかは知る由もありません。この落語にヒントを得て生まれた子守唄があります。

物語はこうです。

染物屋の職人が給金をためて吉原に遊びに行きました。そこで、花魁の最高位に君臨している花魁高尾太夫に一目惚れしてしまいました。自分には身分違いと正直にうちあけたところ、それほど思ってくれるなら、年季が明けたら嫁に行きましょうというのです。さあ、びっくりしたのは職人の方。

めでたく年季をあけて本当に嫁に来るというのですから、もはやお祭り状態。めでたく夫婦となった二人は染物屋を開き、店を繁盛させたというのがこの落語のあらすじです。

この「かっこんかっこん」は馬車の音です。吉原から長い道中を経て花嫁は馬車に揺られてやってきます。馬車が止まると中からは、美しい花魁の高尾太夫が降り立ってきました。門をあけて、全員の手拍子で迎える人々の顔。

まるで、一枚の絵を見るような風景を詠んだ子守唄がここに存在します。

江戸に近い茨城県では話題はすぐに巷に大流行します。吉原から嫁に来るなどという夢のような話は男たちを夢心地にしたでしょうが、現実の家では起こりえない話です。日常の生活はそんな絵空事の空想や想像が入りこむ余地などどこを探してもありません。

夫がそんな憧れに酔っていると知れば、妻はいつも過酷な現実の暮らしに引き戻す損な役目をせざるを得ないのです。女と妻が違うのは、妻にはいつも変わらない「暮らし」という現実がついて回るということでしょうか。

「そんな夢を見たところで、あなたには縁がありません」と真正面から言ってしまっては身も蓋もありません。しかし男はいつも現実から逃避したいという願望を捨てることはできない生き物のようです。浮気がつきものなのも、男の夢が発端というケースが多いのではないでしょうか。

幸い眠らされる幼子には言葉の意味はわかるはずはありません。夢見つつコックリする夫のそばで、妻は繰り返し繰り返し「絵空事」の子守唄を歌い続けます。

子守唄には庶民の持つ哀感や悲哀がふんだんに盛り込まれています。現実にいつも引き戻される夫婦は子守唄を通して、無言で会話し続けているようです。だからこそ、心を媒介する子守唄の存在は大きく尊いということになるのかもしれません。

高尾太夫にしても現実になれば私と同じ生活者になると妻は思い、そんな女を実際に女房にしたら、それこそ大変だろうなぁ、と男女がお互いに思いあうのがこの子守唄です。

◉かっこんかっこん

かっこんかっこん　かっこん馬車
どっからはやった　お江戸吉原　仲の茶屋
仲の茶屋から嫁が来る　嫁はいつ来る　晩に来る
晩に来るから　門あけろ　門の外へと出てみれば
大きな手ばたき　唄で来る
かっこんかっこん　かっこんかっこん
かっこんかっこんこん

栃木県

近代産業の光と影
〔足尾銅山　松木の子守唄〕

平成二十五（二〇一三）年五月二十八日、私は足尾銅山の取材旅行に出かけました。日本子守唄協会の事務局があった東京都台東区浅草橋から車で三時間弱、栃木県日光市足尾に着きます。

古河足尾歴史館を小野崎敏氏（古河財閥の御用写真家・小野崎一徳（いっとく）氏のお孫さん）の案内で見学しました。それから子守唄を作詞なさった角田重明氏（先祖の代から今も足尾にお住みになっていらっしゃる）をお訪ねしました。

お二人の案内で足尾の町の見学、足尾精錬所跡地、渡り工夫の供養塔のある龍蔵寺などを見て、帰りに角田さんのお宅でお茶をごちそうになり、近くの小野崎さんの書庫なども見学させていただきました。足尾といえば鉱毒、いわば公害問題の源となった地で、先頭に立って戦った田中正造のイメージが強すぎました。眠ったように静かな街に足を入れた瞬間、あれっと、ちぐはぐな感じがしてなりませんでした。

その原因はこの足尾が持っている「光と影」の部分があまりに極端なせいと気づきまし

た。「光」は輝かしいまでの古河財閥の作った足尾の産業近代化の足跡が、今もその痕跡をとどめているせいです。

かつて、この町の道路は整備され、工夫のための社宅や病院や学校、歓楽街、料亭や遊郭、劇場や映画館もありました。近代日本を象徴する町にはなんと駅が三つもあったのです。辺鄙(へんぴ)な地は輝くばかりの「小王国」だったようです。別天地の感さえあります。どれほどの繁華街であったか、歩けば納得するばかりでした。どれほどの人が華やかに往来していたことか、足音が聞こえるような気がしました。坑道は東京から博多までの距離と同じ長さ。はりめぐらされた坑道の出入り口が数多く口をあけ、工夫を山の中に招いたのです。工夫たちは明治近代化の大発展に寄与し、ここの生活は活気にあふれていたのです。

小野崎一徳氏が撮り遺した写真は当時のにぎやかな行事や祭り、来訪する明治政府高官や有名人など、目を見張るばかりの歴史絵巻です。明治近代化の発展の足跡は消せない歴史として今に伝えられているのです。

「影」は当然田中正造に絞られます。この鉱毒公害の戦いは十年間続きました。灰塵(かいじん)による肺疾患の蔓延は住民や工夫、そして坑夫に襲いかかりました。

掘り続けられた足尾一帯の山も禿山になったといいます。第二次世界大戦中、朝鮮半島から強行連行され銅山で働かされていた人たちも犠牲となった。慰霊碑も建てられました。

田中正造のことは今では教科書にも載っているので知らない人はいないでしょう。しかし、こんな話も聞きました。渡良瀬川源流部の松木村（現・日光市）の人たちが銅山の煙毒（えんどく）や山火事で被害を受けたとき、田中正造に助けを求めたことがありました。正造は「選挙区が違う」と断ったとも、会ってもらえなかったとも、農家が惨状を訴えたにもかかわらず下流部とは状況が違うからと手を貸してくれなかったとも伝聞されています。まあ、歴史というのは表裏、明暗様々な形で語られるのかもしれません。真実はもっと闇の中に隠されているのかもしれません。

田中正造の写真が資料館にありました。真っ白な長いマフラーを首からたらし、なかなかモダンな装いの正造の姿と、ぼろをまとい農民と戦う一揆のような活動家・正造の姿の落差にしばし写真の前に釘づけになってしまいました。

田中正造とはいったいどんな人物だったのでしょうか。残された数々の写真からまだまだたくさんの真実が出てくるかもしれません。ひょっとして足尾の土だけが知っているのではないでしょうか。

角田さんの詞は繁栄の歴史を経て、今は静かに眠る足尾の自然に目が向いているようでした。足尾は是非にも皆さんがおいでになるべきところだと思いました。日本近代化のあけぼのの夢の跡を見ることができるはずです。

◉松木の子守唄

作詞・角田重明

松木おろし　はだれ雪
いつか消えゆき　ふきのとう
畑焼くけむり　種おろし
山うど採りの　背なにゆれ
ねむれよねむれ　いい子だな
桑の葉かげ　草いきれ
山を越えゆく　白い雨
いも堀りおえた　かごの繭
盆の踊りの　笛の音に
ねむれよねむれ　いい子だな
けやき落ち葉　しぐれ雲
子守地蔵の　風ぐるま

薪を積んでは　急ぐ馬
木枯かばう　胸のなか
ねむれよねむれ　いい子だな

封建時代に「嬢や」と歌ったかかあ天下〔群馬の子守唄〕

子守唄はたいてい「坊や」という呼びかけで歌われています。たぶん封建制度という時代のなせる業ではないでしょうか。男が制度的に家長であり、「家」というものの全保護者、責任者であった中では、社会にあっても、権利と同じに義務をも持たなければなりません。

そのため子育てはとくに男子の教育に厳格にならざるを得なかったのです。男もなんと過酷な中に置かれていたのだと思わざるを得ません。

「坊や」という呼びかけにはすべてを背負わなければならない男の子を育てる女たちの覚悟があったようにも思います。女性に対する侮辱などと言われそうですが、それは男女平等になってからの論理で、時代の仕組みから「坊や」の呼びかけがあったと私は思います。

その「坊や」が圧倒的に多い子守唄の中で「嬢(じょう)や」と始まる子守唄が残っています。

おらが嬢やはいつ生まれた

三月桜の咲くときに
それでお顔が桜色
ねんねしてくれ鼻がなる
お鼻のなる子は可愛いもの

単純に女の子の誕生を祝って、千葉県で歌われてきた可愛い子守唄です。これに対して、同じ「嬢や」と歌っていても、「かかあ天下とからっ風」で有名な群馬県では内容が極端に違います。

赤城おろしの風吹く中で、女性たちが働くのは当たり前という歴史があります。これは養蚕（ようさん）と組織物が盛んだったことと関係しているのかもしれません。どちらも女性が得意とする仕事ですから、女性の労働力が頼りです。働く女性も一人前の仕事をしているという自負と自信があり、必然的に男性は頭が上がらないほど女性が強くなるという風土ができあがったのです。

そんな土地柄、気の強さは天下一、「嬢や」を身ごもれば、次にはもっと強い源氏の大将、八幡太郎（源義家）にも負けないような武士となる立派な男の子を生むことができるだろう、とあくまでも「嬢や」への期待が優先されています。

男の子が生まれなくても、「何言ってるの、立派な男の子を生むのは女の子しかいませんよ、女の子は子どもを生めば、八幡太郎にあやかって、生まれた子も八幡小太郎とでも名付けられるでしょう」と、どこまでいっても気の強い群馬女性には独特の気風と意地がありそうです。しかし、封建社会ではそれほどに男性に全責任がかけられていたためでしょうか、「嬢や」の子守唄を堂々と歌うのはとても難しかったのです。

◉群馬の子守唄

ねんねんよ　かんかんよ
嬢やはよい子よ　ねんねしな
ねんねして起きれば　おちちやろ（お乳をあげよう）
おちちのおでばが　いやならば
お米のご飯に　ととせえて
サラサラ食べたら　うまかろ
嬢やのお守りは　どこへいった
八島の宿屋へ　あんも（まんじゅう）買いに

あんもを買って　誰にくりょ
いい子にくれて　はらませて
男の子を生んだら　とりあげよ
とりあげのばあさん　名はなんと
八幡小太郎と　名をつけよう
八幡小太郎の　馬屋には
馬をいくつ　つないだ
（以下略）

江戸時代には「桂庵（けいあん）」という職業斡旋（あっせん）所が各地にありました。群馬県にも子守娘の斡旋所としての桂庵があり、五、六歳から十歳くらいまでの女の子の多くは近隣の豪農や地主、江戸などの都会へ一年から五年の子守奉公に出ることが多かったようです。江戸に近い群馬では女性たちの働きを小さいときから見ていたせいか、小さくても実に働き者で、雇う方には評判が良かったそうです。

むろん嫁としても姑のメガネに叶（かな）うようにして働くので、かかあ天下の予備軍の子守娘は嫁の買い手にも困らなかったと……うらやましい。

千葉県

海女小屋で苦楽を共にした母たちの絆

〔房総の子どもの子守唄〕

千葉県房総半島は温暖な土地です。季節の訪れはどこよりも早くやってきます。農産物も海産物も豊富なうえ、最近では花の産地としても有名です。

戦後高く積んだ荷を背に一番電車で野菜や魚を運んできた「かつぎや」のおばさんたちの姿を今も思い出します。「欲と二人連れだから二十キロの荷物は軽いもの」とお得意を回り、残れば駅の構内で荷を広げました。朝市に人は群がり、通勤の人たちも足を止めて、つきたての餅や自家製干物、お赤飯などを買っていきました。

「女には食いっぱぐれはない。海女をやっていれば自分の稼ぎが手に取るようにわかるのがうれしかった。畑で取れるものもそのまま金になるしね。海も陸もおまんまの種だよ」

たくさんの荷物を背にして、休みの日でも仲間同士でやってきていたものです。わが家にやってきた「よでおばさん」は当時七十四歳でした。一昨年会ったときには、さすがに潜るのはやめていましたが九十歳過ぎた今も、海にいたときが一番幸せだったと言いきります。

「小さいときからもぐっていたから知らない間に海女になっていた。昔は越中ふんどし一つに腰巻を巻いてもぐっていたが恥ずかしいということもなかったし、楽しいし、仲間が大勢いるのがいいね。海女小屋の頃が私の人生の華だった」

海女小屋は海女のたまり場、ここに仲間が集まり、苦楽をともにし、火をたいて雑談に興じました。海女はそうでなくても身体が冷える商売。水から上がれば心底冷えた身体をしっかり温めないとすぐに病気になってしまうと言います。だから、海女たちは火を神様のように崇めたて、温まることを「身体に火を入れる」と言いました。終戦後、千葉房総の海女小屋には二十代の母親たちが大勢いたそうです。

同じ子持ちという連帯感が女たちの絆をより強くしたのでしょうか。母親たちには待っている子どもがいます。昼近くになるとたいていは家にいる年寄りや小姑が赤ん坊を負ぶってスカ（浜）にやってきます。

家の者が「乳のみにきたぁどー」「はようこうー」「ほらよいよぅ」と海から上がってきた海女たちに声をかけると、海女たちは走って小屋に入り、子に乳を含ませました。

「母心だかねぇ」「だけど海に入りたくてしょうがない」

キラキラする青春のにおいがしてくるようです。そう都合よく赤ん坊がお乳を飲まないときは「昆布なめさせておいて」と言ってまた海に行く。

子を置いていくことにためらいはなかったそうです。「海っていうのは魔物だよ」「呼ぶんだねえ、海女たちを」「ほら、お腹の中は海水と近いというでしょう、あれ本当かも。なんだか海に入るといつもゆったりしている。赤ん坊のような気分になるもの」

◉海女の子どもの子守唄

沖の瀬で　あのあわびよ　海女がとらねで　誰が取るよ
わたしゃ　房州のちょいと　荒波育ちよ　なーえ
サア　いっちゃいっちゃいっちゃさと
波も荒いが　いっちゃさと　気も荒いなーえ
サア　いっちゃいっちゃいっちゃさと
さあ　いっちゃいっちゃいっちゃさと
はぁ　いっちゃいっちゃさせるよな
ちょいと　ひらけた親はなーえ
同じ親でも　いっちゃいっちゃさと　ありがたい　なーえ

東京都

江戸文化がはぐくみ全国へ流布
最初の流行歌〔江戸の子守唄〕

かつて日本子守唄協会の事務所は東京都台東区浅草橋にありました。ＪＲ浅草橋駅東口を降りると、目の前が江戸通り。人形問屋ののぼりが立ち、江戸から伝えられた玩具を売る店々が並び、いかにも下町といった風情がまだまだ色濃く残る街並みです。

ひょいと十メートルほど行ったところを左折すると、大きな銀杏の木がある神社に突き当たります。「銀杏岡八幡神社（いちょうおかはちまんじんじゃ）」。こぢんまりした境内にはほとんど人影はありません。一隅に「木の葉稲荷」の赤い鳥居があり、由緒ある神社とは聞いていましたが、あまり身近にありすぎてその歴史などに興味も湧かなかったのは事実です。

「いやあ、何とすばらしいところに事務所があるのでしょう」

そう感嘆の声をあげてくださったのは歌謡学会会長の真鍋昌宏さん。大阪にお住まいの先生は以前この神社をわざわざ訪ねてこられたそうです。

「だってここが江戸のわらべ歌の発祥の場所ですよ」

「ええっ、そうなんですか」

「そうですよ、ここで釈行智が子守唄を書き留めて残しておいてくれたので江戸の子守唄は残ったとも言えるんですから」

「ここだったのですか。しかし、どこにも行智の痕跡など見当たりませんが」

不勉強を恥じ入るばかり。釈行智はわらべ唄を採譜し「童謡集」を最初に編纂したことは知っていたのですが。

私はすぐに神主の渡辺さんを社務所に訪ねました。しかし、「そういう話は聞いてはいたのですが、何しろ資料というのが何にも残っていないのですよ」

と、こちらも実に無関心。ああ、実際江戸は遠くなっているのですね。いくらなんでも子守唄協会にいる私が「江戸の子守唄」を知らないでいてよいわけがないのだ、とさらに恥じ入るばかり。

宝暦、明和といえば江戸中期、今から二百五十年ほど前になるでしょうか。徳川吉宗が没し、家治が統治している二年間の中で、この唄が江戸市中に流行したと言われています。

この唄を採譜したのが江戸覚吽院にいた修験僧、学僧の釈行智（一七七八〜一八四一年）です。

この覚吽院こそ現在の銀杏岡八幡神社そのものなのです。

上野寛永寺の執事長でいらっしゃった浦井正明氏がお調べになったところによると、行智はここで住職を務めていたといいます。

当時は阿光坊と名乗り、神社は真言宗の醍醐寺三宝院の末寺に当たる別院でした。行智は大変な学僧で本山醍醐寺から修験僧としての最高位「法印権大僧都（ほういんごんだいそうず）」に任命される高僧でした。その門下には当代きっての文人や大名が多く、その中の一人には、天狗で有名な平田篤胤（あつたね）もおり、彼に梵語（ぼんご）を教えたのも行智とされています。

行智はこの寺で「江戸の子守唄」を採譜しました。子どもたちが歌うわらべ唄や、町で歌われている子守唄を書き留めた最初の人です。当時、初老といえる行智が幼心に惹かれる何かがあったのでしょう。

採譜した唄を童唄、子守唄を、寝させ唄、目覚まし唄、まり唄、天像などと、様々に分類したのもわが国では初めてのことで「江戸の子守唄」は子守唄の「寝させ唄」に分類されています。いずれにしても後世に残る画期的な仕事をした人であるにも関わらず、ほとんど知られていないのです。

「うさぎうさぎ」や「お月様いくつ」「向う横丁の」などは今でも歌い継がれていますが、その数三十数曲、町にはそれだけ唄が流れていたと思われます。寺もまた、「寺小屋」として、または子どもの遊び場、近所の人の溜まり場として庶民の中に機能していたのでしょう。

庶民が歌っていた唄はメディアなどないのにあっという間に全国に伝播（でんぱ）していきました。「ねんねんころりよ　おころりよ」の類歌のない県はないほどです。「覚えやすい」「歌いやすい」「伝えやすい」という三つの要素を全部持った唄は流行した時代にちなんで「江戸の子守唄」と名付けられ、日本の子守唄の原型ともなっています。

この唄の伝播には、ほかにもこんな根拠があります。参勤交代の真っ只中、各藩は江戸と国許の往復が盛んな中で、国許に待つ妻子や縁者への土産に重いものや腐るものは持ち帰れません。江戸話や唄が土産だったのです。武士たちは江戸が遠ざかるほどに滞在の思いを鮮明にし、旅の疲れを癒していったことでしょう。また、五街道の発達で馬子や旅芸人、猿まわしなども江戸を連想させるものとして、この唄を歌っていきました。

ひょっとすると子どもを育てやすい街だといった江戸のイメージソングとして幕府が利用したとも考えられないでしょうか。また、男が少ない江戸にあっては本当に女が大切にされ「女天国」はそのまま「子ども天国」であったこともあり、子守唄は流行（はや）りに流行ったという説もあります。

つまり「江戸の子守唄」は日本最初の流行歌だったのです。

子ができ、誇らしげに歌う。なんと明るい風景でしょう。子どもがお家の繁栄、次世代への命の継承であったことを噛み締めさせる証しの子守唄なのです。

◉江戸の子守唄

ねんねんころりよ　おころりよ
坊やはよい子だ　ねんねしな
坊やのお守は　どこ行った
あの山越えて　里へ行った
里のおみやに　なにもろた
でんでん太鼓に　笙(しょう)の笛
おきあがりこぼしに　振り鼓
あの山越えて　里へ行った
里の土産に　なにもろた
でんでん太鼓に　笙の笛
おきあがりこぼしに　振り鼓

日本人なら誰もが聞き覚えのある、または歌った記憶があるにかかわらず、この唄はさて、採録されているものの、一体誰が作詞・作曲したのかは「童謡集」にも記載がなく、今もって謎のままとなっています。

江戸時代の著名な戯作者・山東京伝も柳亭種彦も曲亭馬琴もその多くは江戸中期に生まれているので、この唄のできた頃にはまだ生まれたばかり。赤ちゃんでは作るというのは無理です。この時代には平賀源内、恋川春町、大田南畝あたりが活躍しているので、「まさか……？　ひょっとして戯作者が作詞したのか」と想像するだけでも楽しいのですが。

曲に関しては京都に行った八橋検校だという説もあります。

八橋検校は慶長十九（一六一四）年、福島県いわき市の生まれ、なんと寛永十六（一六三九）年、二十五歳のときには盲人の最高位の検校になっています。箏曲の作曲者として有名、マルチ音楽家、プロ中のプロ。「江戸音階」を作った才人、江戸時代のすべての音の基本になるものを作ったとなると、また、〈ひょっとして〉と私ならずとも思うのではないでしょうか。

しかも、いわきから関西に行くにはなんとしても江戸を通過しなくてはなりません。江戸の滞在が何日であったか知りませんが、町の喧騒や庶民の哀歓を垣間見、聞きもしたかもしれませんし、江戸の文人や戯作者との邂逅も十分考えられそうです。

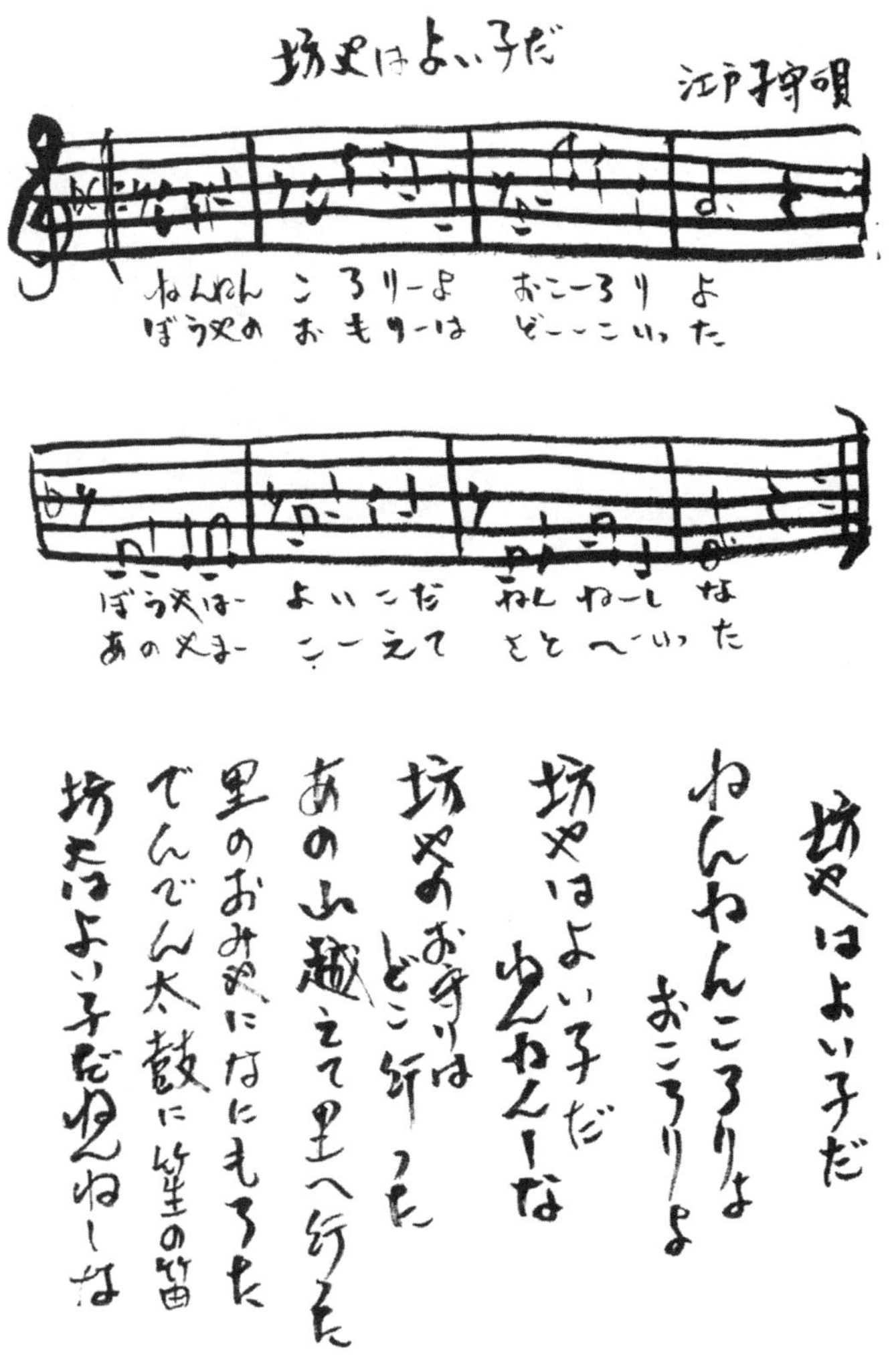

楽譜作成：原荘介（ギタリスト）

頭脳明晰な知識人の庶民への応援があればこそ、この唄はでき、武士に限らず、子どもはお家の宝、お家存続の切り札なっていることを歌っているのだとして……何か唄に裏があるのでは。行智や当時の江戸を研究したらはまりそうな唄なのです。

女、子どもが歴史上に登場し、庶民文化が一挙に花ひらいた江戸の街を新しいファッションのように子守姿の女性たちが闊歩したのです。さぞや情緒のある風情だったことでしょう。今私たちはこの唄のＤＮＡをしっかり身体に受け継いでいるはずです。

居留地の洒落っ気と明るさ　牛乳と哺乳瓶に始まる〔横浜の子守唄〕

明治十（一八七七）年生まれの私の祖母は牛乳の一滴、肉のひとかけらも口にしたことはありません。学校にも行きませんでしたので、読み書きもできませんでした。十三歳から住み込みのお手伝いをしていて、旅行の一つもしたことがないまま逝きました。私の父の継母となり、厳格な躾をしていると親戚中にののしられたそうですが、当の父はのびのび育ち「おっかさんは決して間違ったことはしない」と祖母を敬っていました。

晩年、病中にあった祖母に父は牛乳を飲ませようとしました。そのとき祖母は「乳母いらずなんか」と頑として口をあけませんでした。

「乳母いらず」は明治四（一八七一）年の佐野屋の哺乳瓶の広告で使われた言葉だそうです。「猫いらず」のような売り出され方で有名になった哺乳瓶はビンに長いゴムが付いた奇妙なものでしたが、牛乳を売り出すと一緒に発売された当時の文明の器具だったのです。祖母の言う「乳母いらず」は牛乳と同義語なのです。牛乳は文久四（一八六四）年に横浜の居留地（外国人がまとまって住む空間）の外国人のために牛乳絞り場を設けたのが始まりでした。

牛の乳を飲むなど、と見向きもしなかった日本人がその効能の大きさに気づき、最初は薬の領域にはいるものとして恐る恐る飲むようになって、だんだんと大衆に広まっていきました。牛乳、哺乳瓶、乳母車、エプロンはすべて横浜の居留地に発祥し、次第に日本人の間に伝播していったものばかりです。

「乳母いらず」のあと、祖母はうっすら笑いながら「どっこい　丼鉢や　落とせば割れる　割れるはずだよ　瀬戸物じゃもの」と言って父を驚かせました。唄など歌ったことはそれまで一度もなかったのですから。

祖母の代の横浜は開港から一気に世界という扉をあけた感があったのでしょう、文明開化の象徴として栄えていました。

私の家は「かつら　かもじゃ」という職業で髪の毛を扱いました。横浜や神戸に届く「毛」を取りに港に出かけるのです。当時中国では辮髪（べんぱつ）廃止令が出され、洗うこともなく長く編（あ）んだ髪の毛が根元から切られ日本に送られてきました。その毛の仕入れのために祖父やのちには父が横浜や時に神戸までも出向いていたのです。

そのついでに外国の匂（にお）いのする、近代文化の生活用品や、母のための育児用品などを買ってきたようです。西洋のお人形やおもちゃなどの思い出の記憶が私の幼児期にはありますし、母がきれいなパラソルを持っていたことも覚えています。

祖母はといえば、嫌悪しながら、世の中が動いていくのを見ていたのかもしれません。女性が楽に生きようなどと、まるで罪作りのように思っていたふしがあります。時代についていけない生粋の古い明治の女だったのです。

どこか頭の片隅ではその新しい時代を受け入れながらも、身体と心がついていけなかったということがあったかもしれません。

のちに大正生まれの母が嫁になり、大正モダニズムの影響を受けた母との確執は相当なもので、子育てに対しても意見が合うなどということは皆無でした。

しかし、老いて死を前にしてそんな唄が口端（くちは）に出てくるとしたら、どこかで、こっそり歌っていたのかもしれません。案外横浜にあこがれをもっていたのかも、と思いたくもあります。育児は女性にとって嫁と姑という世代間の戦争という部分もあったのかもしれませんが、祖母も唄を歌うことでこっそりストレスを発散し、自分の心を和ませていたのかもしれません。

その祖母は、戦後になってアメリカ兵を見たとき、腰を抜かして立てなくなってしまいました。今では懐かしい思い出です。

◉横浜の子守唄

どっこい丼鉢ゃ　落とせば割れる
姉さん島田で　寝てわれる　ヨーオヨーオヨイヨイ
よいよい横浜　明るくなれば
家の街道は暗くなる　ヨーオヨイヨイ
ねんねねてくれ　朝起きてくれ
あすはこの子の　誕生日よ　ヨイヨイヨイヨイ
雨が降ってきた　庭の薪(まき)ゃぬれる
背中じゃ子がなく　めしゃこげる

神奈川県

沖に浮かぶ小舟に思いをはせて〔逗子小坪の子守唄〕

相模湾を遠くに臨み、小湾の小坪(こつぼ)湾を真下に見る神奈川県逗子市小坪の山の上に居を移した河竹黙阿弥(かわたけもくあみ)のひ孫・河竹登志夫先生※（一九二四～二〇一三年）。河竹家は最初本所深川に、それから山の手の成城を経て小坪への引っ越しとなりました。庭には黙阿弥の娘いとが住んでいた江戸風の仕舞屋がそのまま移築され、海からの潮風を涼しげに受けていました。

河竹登志夫先生は東京大学卒業の上、早稲田大学や同大学院でも学ばれたエリート。演劇界で活躍なさいました。小坪に移られてからはそこに客を招くことが多く、私も二度お邪魔しました。大変な荷物は家の歴史を考えれば当然でしょうが、書籍資料の山、祖母の家まで移築してまで、この地に移るにはどんな理由があったのだろうと不思議でした。

「そりゃあ、魚ですよ。小坪の魚の魅力」

そういえば食通で有名な先生は池波正太郎さんと並び称される料理通でもありました。ことに魚にかけてはそのさばきやもりつけは並みの腕ではなかったのです。焼いたり煮たり、お造りや塩辛など料亭顔負けでした。

お伺いした折に連れて行っていただいた小坪漁港はそれほど大きな規模ではありませんが、品の良い落ち着いた店が並んでいて、ワイワイガヤガヤといった喧騒の活気とはちょっと雰囲気が違います。鎌倉時代から続いている小坪漁港にはやはり格の高さがあり、魚も選りすぐった何品かに限られているように感じました。

この小坪に、それはきれいなメロディの「小坪の子守唄」があります。

情感あふれ、風景を思い描くに十分な美しさを持ったこの唄は、今では神奈川県の民謡の一つとして歌われています。

イカは夜行性のため漁は夜になります。船に掲げた火に群がるイカを釣り上げるのです。真っ暗な水面にゆれる船の明かりは遠くからもさぞ美しく見えたことでしょう。昔はイカ舟という小ぶりな船で漁をしていました。多くのローソクの明かりを水面に照らし、寄ってくるイカを釣るのです。

唄の歌詞には夫を見送る妻の心情が盛り込まれています。夜、寒い中をじっとイカ漁に励む夫を思いやり、嫁の苦労を負いつつ子育てに頑張る女性の切ないまでの心根が胸に迫る子守唄です。

「嫁に行くなら西町はおよし」は井戸もなく坂道が多いので女は苦労するから、あそこには嫁に行かない方がいいよというのです。けれど私はイカ採りに励む夫とそれを陸から見守る妻とに通う夫婦愛が漁火に映り、疲労が癒される生活の唄だと解釈しています。

今は、イカ漁は派手にカンテラの光を煌々と掲げ、船のエンジンの音をたてて群をなして一斉に沖合に出ますから、情感というより、打ち上げ花火のように華やかで、目が覚めるような幻影の世界が展開されます。この唄は今のイカ漁には無縁かもしれません。

そういえば河竹先生のイカ刺しは大皿に新鮮な透き通る身を並べて、まるでフグ刺しのようにすくい食いできるものでした。狂言作者・黙阿弥のひ孫である先生の話術の絶妙さに酔いつつ、本当の「ごちそう」は食のみにはあらずというのを味わったのも今は懐かしい思い出です。

先生はこの子守唄はご存じだったでしょうか。亡くなってもう随分年が経ちます。小坪といえばこの子守唄と先生が重なって思い出されます。時は流れ、もはや河竹家も小坪にはありません。

◉小坪の子守唄

沖にみえるは　イカ採り舟か

さぞや寒かろよ　冷たかろ　よーいよい
嫁にいくなら　西町はおよし
上り下りのよ　水かつぎ　よーいよい
早く日が暮れ　はや夜があけて
三月二日がよ　来ればよい　よーいよい
三月二日も　近寄りました
旦那おかみさんよ　御世話様　よーいよい
お世話様とは　言いたいけれど
長々みじめによ　あいました　よーいよい
子守んなんな　子守は大事
子守叱ればよ　子にあたるよーいよい
子守ゃ楽なよで　してみりゃつらい
子守叱ればよ　子にあたるよーいよい

※河竹登志夫先生は狂言作者・河竹黙阿弥のひ孫。父・河竹繁俊は河竹黙阿弥の家に養子に入り、早稲田大学教授を務められ、のちに国立劇場設立にも深く関わっています。家を継ぐ、三代にわたり継承した一族の歴史は日本の文化財に思えます。

第三譜
中部地方の子守唄

長野県

子守学校まで開校した教育県〔信州伊那谷の子守唄〕

長野県の春は遅い。秘境といえる下伊那(しもいな)はもっと遅い。この伊那谷に子守奉公をしていた安野智恵子さんが昔からの子守唄を知っているというので、真冬は避け、菜の花の季節に会いに行きました。

朝六時、中央高速に乗り飯田インター下車、天竜方面に向かいます。いくつもの谷を上り下りして、うららかな午後に下伊那郡和合(わごう)村(現・阿南(あなん)町大字和合)に到着しました。四方を山並みに囲まれた田舎の風景が広がり、風までが香りを運んできてくれそうです。車を降り背伸びをした瞬間、道路に長いものを発見、近づいてみると蛇の死骸でした。

蛇は夫婦仲がいいので一匹いればそばにもう一匹いると聞かされてきましたので、面白半分も手伝ってあたりを探しました。なんと、田んぼの排水溝の傍(かたわ)らに確かにもう一匹発見したときは飛び上がってしまいました。蛇は逃げるでもなくのんびりしています。自然豊かとはいえ、この地で子守をするというのは大変なことのように思えてきました。智恵子さんにお会いして開口一番、蛇の話題になりました。

「なあに、ここいらじゃ山ほどいるよ、蛇どころかマムシも飛んでくる」

「そんな中で子守をしたのですか？」

「七歳でね。つらかった、でも楽しかった。奉公先のお婆さんがやさしい人でね、まま炊きから裁縫までなんでも教えてくれたし、学校も行かせてもらった、むろん子を負ぶってね。字が書けたから手紙を出せるんだよ。日記を書いてね、そりゃあ、うれしかった」

そういえば、長野は「子守学校」をいち早く開設した県でもありました。明治政府の義務教育は子守娘にまで及んだのです。家の力と兵士になる男の子の教育を徹底させるには、育児に関わる女たちの教育から始めなければならないと根元に辿り着いたようです。

「なあに、子守は子ども負ぶってあちこちふらふらする、山菜採りに山に入るし、笛や太鼓にひかされて祭り見物にも出かける。峠や山を越えるなど、興味本位でどこでも行ってしまうわね。字ぐらい知らないと子守は迷子になっても道標を読めない。そしたら、あずけた子どもが危ない。子守教育は子守のためであったのだろうが、本当はわが子の危険を防ぐためだった。学校に行けたおかげで、私は字を書く楽しみを覚えた」

取材のきっかけも確かに智恵子さんの一枚の手紙からでした。

「寒い地方では赤ん坊を温めるには人肌しかなかった。背中の子も子守もぴったり合わさっているから温かかった。じっとしていると子どもは重かったけれど、自分が動けば一緒に飛び跳ねてくれる。自分も子どものくせして子どもがかわいかった」という箇所がありました。

つらいはずの子守奉公で人生のすべてを学んだという智恵子さんの顔は、老いて菩薩のようにぴかぴかに輝いていました。

唄は谷に流れ、唄声は深くやさしく、遠い日の智恵子さんの矜持を見るようでした。

「今日はこうして子守をすれど　一生無学じゃ暮らしゃせぬ　泣くな嘆くな浮世の車　めぐる月日を待つが良い　人は勉強知恵がつく　わしは女じゃ負けはせぬ」（松本教育所教材）

この通りに智恵子さんの子守奉公時代があったようです。

「奉公先のおばあさんが教えてくれた生活の知恵が、どんな勉強より今も日常に役立っている。厳しいけれど火を扱い、針が持てて、咄嗟に機転を働かせるだけで、人は生きていける自信が持てた。その上、字も算数も教えてくれてねえ、まるで実家のようにずっと行き来できたのもおばあさんのおかげ、いじめられたことはなんにもなかった」

大事にされたからこそ、どんなときも人を大事にしたいというのが智恵子さんの哲学になっているようでした。

◉伊那の子守唄

わしほど因果な者はない
七つ八つから　ちゃや町へ
子守奉公に　行ったらば
そこの姐(ねえ)さま　ひどい人
火吹け　灰吹け　火鉢吹け
しまいちゃ　坊っちゃん　着物きしょ
そこで子守りの　思うには
早く正月ァ　来ればよい

日本で最初の子守学校は明治八（一八七五）年大阪の堺市で開設されました。子守娘として他家に雇われた子や、毎日姉妹の子守をさせられている子を、赤ん坊と一緒に通学することを許可して勉強させました。

長野では明治十六（一八八三）年に下高井郡で開設。赤ん坊を背負ったまま登校。授業料や教材も無料でした。

ちなみに日本の教育制度は日本最初の義務教育を制定した小学校令が公布されたのが明治十九（一八八六）年。これにより四年間の義務教育が定められました。明治四十（一九〇七）年には六年間に延長、そのため奉公には十一歳以上から十三歳以上までになったわけですが、これはあくまでも表向きのこと、実際には明治の中頃になっても、学校には行かせてもらえませんでした。家の手伝いをしたあとに、子守娘として奉公に上がるということもありました。

日清、日露、第一次世界大戦などを契機にして紡績産業が急成長し、小学校を卒業した女子の多くは紡績工場の女工として働きに出るようになり、子守娘の奉公は急激に減少しました。内務省の調べによれば、大正十（一九二一）年には子守奉公の少女は全国約九万人を数え、そのうち十四歳未満が約五万五千人で、小学校へ通った子どもが大半だったそうです。

新潟県

佐渡は四十五里　遠き地で故郷思う〔越後の子守唄〕

「はぁー佐渡へ　佐渡へと草木もなびくよ
佐渡はいよいか　住みよいか」

日本の代表的な民謡となっている新潟の「佐渡おけさ」です。まさに日本の風景にぴったりです。

明治四十一（一九〇八）年に流刑が法律で廃止されるまで、本土から離れたこの点は「流刑の島」として特殊な存在でした。

「おけさ」とはなんなのでしょう。歌詞にまつわる伝説は数々ありますが、どれも日本的な情の絡んだものばかりです。

一つは「猫」にまつわる話で猫の名前が「おけい」というものです。この猫、実は江戸の生まれで深川で飼われていました。ところが飼い主の家が没落し破産まで追い込まれました。主家のため、猫は女に化けて新潟の遊里（ゆうり）に身売りされます。おけいは評判の美人でなお、歌声は素晴らしく、売れっ子芸者となりました。おけいが歌った唄が「佐渡おけさ」、飼い主の一家を助けたい一心とはいえ、あっぱれ恩を忘れない見事な猫、ほろりとさせられます。化け猫の怖さは皆無です。

「いやぁ、そうではない桶屋の佐助という唄のうまい人が歌ったのが始まりだ」という説もあります。桶佐……「おけさ」となります。

あるいは、小千谷紬(おぢやつむぎ)の技術を伝え、発祥の源となった女性の名前が「おけさ」だったとも。

最も史実に近いとされる、佐渡金山全盛の頃、織田信孝（信長の三男）の娘が今でいう駆け落ちをしてこの島にやってきたという話もあります。

京都の雅な土地から突然離れ島へ。最初は好き同士、島での暮らしは快調だったでしょうが、都恋しさが日々募ります。佐渡は住みいいが、京に上る人を掴(つか)まえては、佐渡はとても良いところだから一度訪ねてくれるよう伝えてほしいと頼んだというのです。きっとその女性の名が「袈裟(けさ)」とでも言うものだったのでしょうか。

いずれにしても、遠く故郷を離れての思いが唄の端々に感じられます。そういえば、天皇や日蓮聖人や世阿弥までも流罪としてこの地で都を想って刑に服したのです。佐渡は小さな島としてそっとあった島のように思いますが、島だからこそ、他国の人の出入りが多かったということのようです。

おけさは新潟や長岡地方、三条地方でも歌い方が土地によって変わりますが、いずれも波の音が聞こえるような旋律です。

ここに伝わる子守唄は新潟の直江津から船で行くと遠くにほんのりと佐渡島が見えてきます。佐渡までは四十五里とも四十九里ともいわれています。本土からのその距離が島の宿命であり、唄を生み出しているようです。

江戸の名残をとどめて佐渡への想いがやるせなく迫ってくる子守唄です。波の音が聞こえてきそうな旋律をもって歌われました。

◉佐渡は四十五里

ねんねんころり　ねんころり
ねんねのお守りは　何処(どこ)へ行た
あの海こえて　佐渡へ行た
佐渡は四十五里　波の上
佐渡のみあげに　何もろた
でんでん太鼓に　鳴るつづみ

それをたたいて　ねんねこしょ
ねんねんころり　ねんころり
でんでん太鼓の　そのほかは
起き上がりこぼしに　猿人形
でんでん神楽に　鈴もろた
鈴の中のがらがらは
お寺の小僧に　くれてきた
鈴がないとて　泣いてきた
泣かずにおねんね　ねんころり
ねんねんころり　ねんころり

富山県

CMソングの発祥は行商の薬売り【富山の売薬子守唄】

明治は遠くなりにけりというものの、かつて日本は世界を相手に戦いを挑み、勝利し続けた歴史があったのです。

明治の末に起きた日露戦争は「正露丸」という戦地へ持参する万能薬を生みました。敵国ロシアを征伐する丸薬「征露丸」が最初の命名でした。

富山の薬売りは明治後半には最盛期を迎えます。金ぴかに飾り立てた軍服もどきを着て、手風琴（アコーディオン）をかき鳴らし薬を売りに歩きました。一説によると傷痍軍人（戦争で傷ついた軍人）の生活のためということもあったようです。

「ハーオイチニ　オイチニ　日本一よか製剤は親切実意を旨として　はい　オイチニオイチニ　病の根を掘り　薬を訪ね　その効験をたしかめて　はい　オイチニオイチニ　春夏秋冬へだてなく貧夫の人にも施さん　オイチニの薬を買いなされ　オイチニの薬は良薬ぞ」

口上を述べて町を売り歩いたのです。

戦勝で湧いていた日本の浮かれた一面でした。

「根を掘り　葉を訪ね」は「生薬」。薬草が原料だったのでしょうが、製法は自家秘伝とあります。しかし、この「声」を使っての商売はもとをただせば江戸時代の行商から来ています。こうもり傘の張り替え、屑屋、刃物の研ぎ、魚屋、納豆売り、植木屋、金魚屋など生活に「声」という商い方法が取り入れられていたのは戦後まで下町では見かけたものです。

車もなく排気ガスもなかった時代だから、「声」はきっと町中に響いたのでしょう。

生薬の宝庫、富山の「反魂胆」は江戸売薬のヒット商品でした。元禄三（一六九〇）年、江戸城に登城した福島県の岩代三春藩の藩主・秋田輝季公が殿中で急な腹痛を起こし、富山藩主・前田正甫公が「反魂胆」を飲ませたところ、ぴたりと治ったというのが富山の売薬を流行らせたきっかけです。江戸市民はこぞって買い求め、家の常備薬としたという逸話が残っています。

殿様は加賀藩の圧政に苦しんでいたのを薬で活性化を図ったという話もおまけについていますが、ともあれ、「売薬」と「富山」の信用は絶大だったということです。「売薬業」が富山の産業となり、全国に行商人を派遣するに至りました。薬と旅支度の三段柳行李※を背にし、一日に四十キロという道のりを歩きました。やがて全国的な広がりで顧客ができ、置き薬という商法を編(あ)み出したのです。

大人はともかく、急病のときの置き薬はどれほど安心感を持たれたことでしょう。まして、子どもの薬が発達していない時代、たとえ気休めでも家に子ども用の薬は不可欠だろうと踏んだのでしょうか。見事なアイディアです。

薬の口上の中には子守唄が付きました。

◉富山の売薬子守唄

越中富山の反魂胆
はなくそまるめて　萬金丹(まんきんたん)
それを飲むやつ　あんぽんたん
越中富山の倶利伽羅(くりから)峠
子どもを丈夫にしたいなら
いつでもどこでもオイヒ（かぜくすり）に熊の胆
ねんねこ　よい子だ　おころりよ
おろろわいわいねんねこせ

子どもへの土産に紙風船が付録に添えられ、薬大国富山は地道な商法を今に繋いでいるのです。

◉富山の子守唄

ねんねや　おろろわい
おろろわいや　ねんねこせ
ねんねのお山の　子ウサギは
なかずにねんねん　ねんねこせ
ねんねのお山を　越えるとき
東をみても　松ばかり
西をみても　松ばかり
雪にふられた　松の葉は
銀の縫い針　しかけ針
振りの小袖を　しゃなしゃなと
ねんねのお山を　とろとろと

おろろわいや　ねんねこせ

隣の華美な石川県金沢と違い、子守唄は倶利伽羅峠から富山を仰いで、嫁に行くなら華やかな街に行って小袖を着たいという願望がうかがえる子守唄になっています。

※三段柳行李
富山の薬売りの柳行李には次のようなものが入っていました。
一段目「懸場帳」　得意先の情報、そろばん、筆記用具、財布、箸
二段目　得意先への土産、画、版画、暦
三段目　得意先で回収された薬
四段目・五段目　新しい薬
手甲、脚絆、合羽、草鞋という身なりで行商をしていました。徒歩や北前船を使って全国制覇しました。

石川県

母恋歌の町
〔金沢の花折り子守唄〕

泉鏡花（作家）、室生犀星（詩人）、暁烏敏（宗教家）。ともに幼少期に母を亡くした三人の偉人たちは石川県の生まれ、美しい古都の町に「母恋歌」を歌い続けた人たちです。鏡花は子守唄に心惹かれ、そこから『薬草取』という作品を残しています。病気の母のために、薬草取りに行った少年が美しい娘に会い、誘われて深山に入っていく……幻想と魔界の世界の鏡花文学は母を恋う思いに反映されているようです。若く美しい母を失ったあとも、生涯子守唄の冒頭にある「ねんねのおかかぁ　どこいった」の一節の呪縛から逃れることはできなかったのでしょうか。夕暮れ時、金沢の暗闇坂のあたりを訪れると、美しい鏡花の母の面影が浮かんでくるように思えます。

犀星は詩「子守歌」で次のように詠っています。

雪が降ると子守歌がきこえる
これは永い間のわたしのならわしだ（中略）

だがわたしは子もりうたを聞いたことがない
母というものを子供のときにしらないわたしに
そういう唄の記憶があろうとは思えない（以下略）
『少年少女のための日本の名詩選集6　室生犀星』（あすなろ書房）より

母を知らずに育ったのに、雪が降れば必ず歌われてもいない子守唄を聞いていたという犀星は、雪の中に母を立たせ、その子守唄を聞いたという。母へのせつないまでの思慕と哀しみが、金沢の町の情感とぴったり合っていたのではないでしょうか。詩は金沢の町でなければ生まれないものでした。

暁烏敏は白山市の出身、僧侶であり哲学者でもあります。母が亡くなったとき、母を想う歌を三百七十首作った中に、名句となった歌があります。

「十億の人に十億の母あらむも　わが母にまさる母ありなむや」

誰にとっても母は唯一ただ一人です。かけがえのない存在です。

私は年何回も金沢を訪れていますが、その都度この町は「母恋の町」だと実感しています。やさしさと深さ、現実の母のたくましさと強さとは縁遠い母をなくした文学者たちの亡き人を「恋い慕う」思慕の念が町の風景や人の持つ人情の中にふと見つかり、心落ち着かせてくれる時間が流れている感じがしてなりません。

長土塀(ながどへ)町の裏道を歩くと水のせせらぎの音がきこえます。遠い昔、白い割烹着姿の女性が下駄をカタカタさせてこの道を歩いたような、タイムスリップしたような感覚を、町の至るところに見つけることができます。

あくまでも、温かく、静かで、ふっくらした懐に抱かれている感じがしてくるからでしょうか。「母恋の町」というイメージの中に今も金沢は息づいているようです。

◉石川県の子守唄　花折り

ねんねんころれよ　ねんころれ
ねんねのおかかあ　どこ行った
越後の山へ　花折りに
一本折っては　腰にさし
二本折っては　前にさし
三本目には　日が暮れて

からすの宿に　宿とろか
からすの宿は　きたないし
すずめの宿に　宿とろか
すずめの宿も　きたないし
とんびの宿に　宿とろか
とんびの宿も　きたないし
朝ぎり起きて　空みたら
赤い上臈（じょうろ）と殿様と
黄金（こがね）の銚子に　酒ついで
まいらんか　まいらんか
太郎兵衛も次郎兵衛も　まいらんか
魚がなあて（なくて）まいられん
お前の魚は　なんざかな（なんのさかな）
にんじん　ごぼう　やまいもで
いしなの（こいし）の孫の　さざえで
煮ても焼いても　食われんぞ

この唄は能登半島までも広まっています。

前半の美しい花摘みの唄から、殿様の朝帰りの場面になり、後半は飲食饗宴の賑わいの唄になっています。当時この唄に歌われたように、貧しい中で食べ物を歌いこむことで、心だけは空腹を満たしていたのです。

しかも、この子守唄のベースが鏡花の作品の底辺に流れていると言われています。

鏡花は明治六（一八七三）年、金沢市の彫金象牙細工師の家に生まれました。母は江戸の鼓師（つつみし）の娘だったとか、なんだか深い物語を持って誕生してきたような気がしてなりません。鏡花の描く女性は、そのモデルを母においていると言われています。

現実の女性ではなく、魔界にいる幻の女性像はあくまでも魅力に富んだ不思議な妖艶さを持っています。明治時代にはさかんに歌われた子守唄です。

霊峰・富士山を仰ぎ見る〔沼津の子守唄〕

日本の子守唄は世界でいちばん美しいものとされています。言葉や表現に「あや」と「色」があり、「心」の豊かさが伝わってくるというのです。自然の恵みと季節感のなせる風土のおかげとも言われています。

その表現が多岐にわたり、「雨」の一つにしても様々な雨の降り方を言い表せる言語の歴史があり、文学的表現に富んでいるようです。

生活のきめ細かな部分を子守唄にして何気なく口端（くちは）に乗せる女性たちの姿を、江戸時代に日本を訪れた外国人たちが「慈母観音」と絶賛しているのも、立ち居振る舞いと言葉のきれいさに関係があるかもしれません。

さて、日本を象徴する富士山は誰が見ても美しい山です。霊峰とは確かに富士山にこそふさわしい表現です。窓から富士山を眺めることができる家には幸福が訪れると信じているのは静岡県の人。「わが家から見える富士山は特別」……と自慢したい気持ちもわかります。

そして静岡の中でも東海道線や新幹線が沼津にさしかかるあたりで眺める富士山が、どこよりも美しくやさしい姿というのが定説です。

沼津は山梨や箱根のような冷気がないのは目の前に広がる駿河湾の海洋の影響でしょうか、冬は温暖で、夏は海からの涼しい風が頬をなでます。おまけに駿河湾に面した千本松林の緑は海の青とマッチしていて、その向こうに富士を仰ぐのですから、気が遠くなりそうな絶景といえましょう。

食もここのアジの開きは美味。ふっくら肉厚で程よい塩味が効いて確かに一度食べたら忘れられないおいしさです。

それほど沼津は日本一住みやすく風光明媚な土地なのです。だからでしょうか、人柄もおっとりしていて、この地からは豪快果敢な武将が出たり、並外れた政治家が輩出されたということはないようですが、人の好さは日本一とか。

別荘や保養所として心身を休めに来るのに適した土地柄なので、御用邸はじめ政財界、多くの著名人の往来が盛んで、文化度の高い場所としても有名です。

そんな土地で子どもを育てるのに歌われた子守唄は、唄の歌詞の発想としても飛び抜けて明るく奇想天外な唄です。

沼津の土地の風景を入れただけでもなるほどと納得できるのに、さらに、絶対に数えることは不可能というものを並べ上げて、それより坊やの方がもっと可愛いと手放しで讃歌しているというものです。木の数、芽の数、星の数、松葉の数、砂の数、稲の株の数、米粒の数、数知れず。※当然子どもは可愛いままにのんびり育つというもの。原因と結果がこれほどはっきりしているものもないのではないしょうか。

昔からそういうところだったのですから、結婚するなら沼津の人と一緒になって、穏やかに暮らすのもいいかもしれませんね。日本で最も美しい子守唄といわれる由縁は、土地の長い歴史と風土が培ってきたやさしさの連鎖を持っているせいでしょうか。

◉沼津の子守唄

坊やはよい子だ　ねんねしな
この子のかわいさ　限りなさ
天にのぼれば星の数
七里ヶ浜では砂の数
山では木の数　萱(かや)の数
沼津へ下れば千本松

千本松原小松原
松葉の数より　まだかわい
ねんねんころりよ　おころりよ

※数知れず
数えきれないものはまだまだあります。

「尾花かるかや萩　桔梗」「七草　千草の数よりも」「数ある虫の数よりも」「召したる服の糸の数」。中には「婆のお顔の皺の数」といったものも歌われました。

楽譜作成：原荘介（ギタリスト）

岐阜県

御婆どこ行く

〔孫の力　ばばの力・子守唄〕

子を育てるには必死で叱るのも嘆くのも多かったというのが子育てでした。なのに、わが子のときとは違いその可愛さとは、もう、ただただ無条件、命に代えてもいいと、孫を持った人なら誰でも思うでしょう。

振り返って若き日の子育ての下手さにも気づくし、小さな命のかわいさがより愛おしいといった慈悲の心境にもなってくるのが老いという余裕なのかもしれません。無償の中に命のつながりを見つけ「孫を見たら死んでもいい」と納得すらしています。私は家人から孫をかまいすぎるあまり、「孫ストーカー」と言われますが、別にそう言われても腹も立ちません。その通りだからです。

離婚して母子家庭であった娘には子どもが二人いて、仕事で帰ってこられないというときの救援は私の役目でした。急な残業や、突然の発熱などで保育園から連絡があれば、何をおいても飛んで行ってしまうのも苦にもならなかったのですから、不思議です。

よく子守唄を歌いました。同じに歌っても上の孫はおとなしく眠りにつきますが、下の方は反り返って寝るどころではありません。一人を負ぶい一人を乳母車に乗せて、街を歩きました。なりふりなど構っていられません。なのに、とても充実している気分なのです。「それは娘さんの子だからよ」とよく言われました。嫁の子どもは見せてもらえないというのが最近は相場のようです。極端になれば「嫁だったら絶対に見せてもらえない」と嘆く友人さえ出てきました。

子育てには孤独がつきものですが、孤独にはまた独占力という付録がついてきます。嫁の立場からすれば「子である夫の延長線上にわが幼子がいて、舅や姑に影響されるのがいや」ということらしいのですが、もったいない、そんな邪心は孫をみる老人にはありえないと知ってください。できればせいぜい利用してください。されればされるほどうれしいのが婆心なのですから

昔はおばあちゃんと孫はワンパックでした。幼いときはなおのこと、家事の合間に孫育てが生きがいという中で、生活が循環していたように思います。親の教えより爺婆の教えの方がやさしいし丁寧です。それもそのはず、長い年月の体験も経験も積んで年の巧という宝物を持っているのですから。

一番いいのは、突発の事態に対処する知恵がおばあちゃんの知恵袋には入っていることです。なんでもまるごと許してしまえるのは過ごしてきた年月の貫録というものです。気

短かでせっかちな性格の私でさえ、孫にだけは驚くほど寛容です。あの世が近いのではと娘に言われるほどですが、この仏心、孫のせいでできたのかもしれません。

孫力(まごりょく)は老いを忘れさせる特効薬、婆力(ばばりょく)は子どもにとっては心身の逃げ場でもあるのではないでしょうか。

「孫に会いに行く」。いそいそと出かけていくおばあさんのことを歌った子守唄は全国にたくさんあります。共に岐阜の婆詠(よ)み子守唄です。

◉おばばどこいく

おばはどこへいきゃる花下げて
嫁の在所に　孫抱きに
嫁としゅうとめ
あざみの花か
観れば美し　よれば刺す
可愛い可愛いで育てた孫も
可愛い甘茶が毒になる

◉おばば唄

嫁の在所になあ
嫁の在所になあ
初孫抱きに　ソウラバェ
ヒュルヒュルヒュ　ヒュルヒュルヒュ
岐阜はよいとこなあ
岐阜はよいとこなぁ
金華山のふもと　ソウラバェ
ヒュルヒュルヒュ　ヒュルヒュルヒュ

愛知県

教育ママの発祥は徳川家康
〔岡崎に伝わる子守唄〕

日本の教育ママの最初は江戸時代でしょうか。そんな昔からあったのなら、当然教育ママでいたっていいのだ、などと正当化しないでください。

筋金入りの教育熱心さは、かの「徳川家康」から始まったとされ、結構歴史がありそうです。江戸の創始者・家康は幼少期に他家に養子に出されました。養子といっても松平家から人質として織田家と今川家を行ったり来たりする養子掛け持ちという複雑さですからさぞ苦労したことでしょう。

今川家の人質のときに重臣の娘・築山殿と結婚します。一男一女をもうけますが、いくら戦国時代といえ、のちには子を切腹に追い込み、妻さえも暗殺してしまいます。武家の争いの犠牲にしては異例のことです。

その悔恨と贖罪（しょくざい）の気持ちが大きかったのでしょうか、家康は信頼できる「人づくり」教育に心を砕きました。わが子信康のときも、家臣を教育係に任命し家族ぐるみの「教育家臣団」を付けたほどですが、最後は息子に自刃（じじん）を命じます。親として悲しまないはずはありません。

「ねんねんころりよ　おころりよ　坊やはよい子だ　ねんねしな」

のちに江戸の子守唄と名付けられた子守唄は岡崎市が発祥で、しかも家康の意図があって広められたともいわれています。家康には壮大な子への鎮魂歌の響きに聞こえたのかもしれません。

子守奉公を奨励し、礼儀作法や育児の仕方を教育したそうです。教育の大切さを家康は跡取りの秀忠の嫁・江（ごう）に書き送っています。

「木は若木のうちに丹念に手入れしおけ、まっすぐに伸び立派な木に育つ、人間も同じ、幼いころに正しい教育をしておけば長じてすぐれた人間が育つ、わがままにするな、悪い癖が残り、大人になってからでは、曲った癖はなおらない」

と幼児教育の根本、「三つ子の魂百まで」に触れています。

日本一のわがまま教育で豊臣を滅ぼした淀君の妹に書き送っているのが皮肉といえば皮肉です。

家康によって戦国時代は終焉を迎えます。そして江戸という時代を「教育」に方向づけたのも家康あってのことのように思います。乳母制度の確立、学問の大切さ、身体を鍛えること、寺小屋制度の普及、女子の習い事への貢献、と二百年ぐらいの間に庶民に教育の大切さをしっかり植え付けることに貢献した人であるのです。

そんな家康がいた江戸時代、母親たちはこぞって「教育ママ」になりました。母親たちは子どもにまけずに自分磨きに励みました。庶民の力も教育の成果だったのです。

幼児期の家康がどんな子守唄を聞いて育ったかは不明ですが、岡崎から江戸まで子守唄を持っていったのは、家康の意志であったと思いたいです。

◉岡崎の子守唄

ねんねしなされ　朝起きなされ
早く起きては　おむつを洗い
女子庭はき　男門はき
わたしはおじょじょ（草履）ならべましょう

ねんねしなされ　朝起きなされ
ねんねのお守りは　どこへいった
一山越えて二の山に

父さん使いに行ったげな
あたしは備前の岡山育ち
米のなる木はまだ知らぬ
米のなる木をおしえましょうか
米のなる木は藁じゃもの

第四譜 近畿・中国・四国地方の子守唄

伊勢参りは江戸庶民の一大イベント
【伊勢地方の子守唄】

江戸時代に三重県の伊勢神宮に参詣に行くというのが大流行しました。伊勢までは江戸（東京）から十五日間、大阪からは五日間、名古屋からは三日間、岩手からは百日かかる旅でした。

最初は「御蔭参（おかげまいり）」と言われていました。神様（天照大神）の恩恵にあずかろうという白衣と巡礼姿の集団旅行は、信仰心の表れでしたが、江戸幕府により一般庶民に伊勢参りが許容された途端、爆発的に我も我もとの旅行ブームとなったのです。

「伊勢に行きたい、伊勢路が見たい、せめて一生に一度でも」と伊勢音頭に歌われたように、我も我もと特別なご利益があるとされる旅に心を躍らせていたのです。

何しろ、抜け参りといって奉公人が主人に内緒で、子どもが親に内緒で出かけて行ったとしてもとがめられないということもあり、伊勢はごった返し一日に二十三万人が押し寄せた日もあったそうです。

この伊勢で売られていたのが犬張子（いぬはりこ）や笙（しょう）の笛といった玩具、いずれも子どもがたくさん生まれるように、丈夫に育つように、と願いが込められているものばかりです。お家繁栄が第一ということもあったでしょうが、旅そのものが心を解放されるという利点の方が多かったように思います。他国の人との交流や文化に刺激され、旅籠（はたご）や遊び場もある宿場の浮き立つ心の言い訳のように、妻や子どもへの土産に安産札や玩具を買っていったのではないでしょうか。

何しろ、旅などまったく縁のない人たちの行く伊勢、その賑わいはいかばかりであったことか想像もつきません。

女房を質に入れてもお伊勢に行くという落語があります。

庶民に許された初めての旅行はあっという間に大流行。「お参り」という大義名分にかこつけて、狂ったように人々は伊勢に向かいました。伊勢に行く積み立ての「伊勢講」なるものもあちこちで盛んに始められました。

平成十五（二〇〇三）年、ＮＨＫの「わくわくラジオ」という番組で子守唄の募集をしてくださいました。

父親が歌ってくれた子守唄を記憶していらっしゃるという方の投稿が寄せられ、伊勢で歌われていたという二つの子守唄が紹介されました。

昔源平の鎌倉の夜昼熊野に詣でるに
熊野の道で火が消えて
ともしても　ともしても　ともらいで
青山こわして堂たてて　堂の周りにゴマ炊いて
ゴマは仏の嫌いなもの　油は仏のおみやかし……
（三重県鈴鹿市・小河さなえさん）

ねんねんころりよおころりよ
坊やが眠ったその隙に
赤いまんまをたいといた
白いまんまもたいといて
坊やが起きたら一口
ねずみの子にも一口
（三重県津市・三芳公子さん）

お二人ともにおじいちゃんから伊勢参りの話を聞かされていたそうです。

伊勢は津で持つ津は伊勢で持つ……と歌われた津からの投稿はとてもありがたく、三芳さんは、この唄を明治三十七（一九〇四）年生まれのお父様が歌うのを聞いていたということでした。民衆のエネルギーを爆発させた伊勢には伊勢参りの様子を唄にしたと思われる子守唄があちこちに残されています。

俺の兄さん　白装束で
二度と帰らぬ　たびに出た
伊勢は津でもつ　津は伊勢でもつ
俺は在所の　かかあでもつ
思い込んだに　添わせておくれ
神よ仏よ親様よ

江戸時代、伊勢神宮の建て直しのために伊勢への参拝を農民に奨励したのが普及の始まりとか。

その下準備があり、江戸が武士の時代を経て世の中が落ち着いた頃から伊勢参りは盛んになりました。日本橋を起点とし東海道、中山道、日光街道、奥州街道、甲州街道という五街道の整備もあり、どこからでも伊勢に行くことができました。

しかし、旅費もかかることであり、まるで言い訳や弁明のように留守宅の「家内安全」「子宝まいり」といった大義名分と、やはり長旅で妻子が恋しくなっていったこともあり、伊勢土産は子どもにまつわるものばかりでした。

京都府

京都で歌われた残酷な唄
〔美山の子守唄〕

◉美山の子守唄

ねんねしなされ　おやすみなされ
おきて泣く子は　つら憎い　ヨホホ
つらの憎い子を　まな板にのせて
青菜切るよに　ザクザクと　ヨホホ
切ってきざんで　油で揚げて
道の四辻に　ともしおくよ　ヨホホ
人が通れば　なむあみだぶつ
親が通れば　血の涙　ヨホホ

可愛い子どもに歌う子守唄にしてはあまりに残酷です。なんとも恐ろしい情景が浮かんできます。このまま受け取れば、まさに幼児虐待か殺人としか思えません。

これはあくまでも子守娘たちの替え唄の子守唄で、実際には子守している子守娘たちが子どもにそんなつらくあたったりいじめたりはしていませんでした。ただ、時に凄んで見せて、あるいは泣く子に手こずったり、困りはてたときなど唄にしてストレスを発散させていたと考えられます。背にしている子や雇い主に、というより、自分自身のうっ憤でこんな唄を歌ったのではないか、とも考えらます。

現実にこんな残酷な所業も事件も起こりはしなかったのです。

ひょっとすると、つらい心を歌えたからこそ、唄の上で解決させていたとも考えられます。確かに子守は楽ではありません。泣きたい気分になるのは当然です。しかも、他県から勤めに来ていた娘たちは、きっと京都人のはんなり雅な京都弁やのんびりさが理解できなかったのではないでしょうか。

「京都人は口で言うことと腹の中はまったく違う」とよくいわれますが、本心をなかなか言わない気質を持っているとされています。雅を尊び反対の田舎びたものを受け入れない、なかなか心を許さない部分もあるとされているので、まだ幼さの残る子守娘たちにとっては冷たくされると勘違いすることもたびたびあったのかもしれません。八つ当たり、雇い主へのけん制も含まれていたのでしょう。

京都の娘たちなら、こんなにあからさまに本音をぶつけるということもしなかったと思います。

「わたしゃいとさんがかわゆくてならぬ　いつもおせなに　たたをして　たたをして　わたしゃ　十二でいとさん二つ」

なんとほほえましく心やさしいのでしょう。こんなほほえましい子守唄も一方で歌われていたのですから、あくまでも特殊な替え唄として度胆をぬく唄もあったということです。子守唄の中でもこんなに残酷な歌詞はめったにお目にかかれません。

しかし、恐ろしいことに現代はこちらの替え唄の方が子守唄の実感がありそうな怖い時代のようにも思います。オキシトシンという愛情ホルモンは別名抱擁ホルモン、人が人と触れ合うことで脳で生成される「愛」のホルモンですが、その分泌が現代人は少なくなっているといわれています。やさしさが育たないのはオキシトシンの分泌が少なくなったことが一因として挙げられています。

こんな怖い唄を歌ったとしても、子どもに害を加えるという事実はなかったのですから、きっと子に触れているうちに愛情がわいてきたと解釈したいです。子どもを可愛いと思わないという人も増えてきている今、唄を歌って自分の心を顧（かえり）みられるといいですね。誤解のないように繰り返しますが、伝承されている本当の美山の子守唄は、とても穏やかな子守唄です。

◉本来の美山の子守唄

ねんねしなされ　今日は二十五日
明日はこの子の　誕生日　ヨホホ
誕生日には　小豆の飯(まま)炊いて
一生この子が　まめなよに　ヨホホ
赤いべべ着て　赤いじょじょはいて
連れてまいろか　ののさまへ　ヨホホ

よいやよいよい　よい子でござる
この子育てた　親みたい　ヨホホ
親を見たけりゃ　この子を見やれ
親によく似た　きりょうよし　ヨホホ

京都府

日本のブルース
〔竹田の子守唄〕

哀しいブルースのような旋律を持つ竹田の子守唄は、日本人の心情にぴたりと寄り添っている子守唄です。

この唄の誕生が京都の伏見地方で採譜されました。差別で苦しんだ人たちの中から生まれたとあって深く壮大なテーマを投げかけてくれるようです。

この竹田の子守唄がなぜか今もたくさんある子守唄の中で放送禁止唄として継子(ままこ)扱いされるのはおかしな話です。公に歌ってはならないという規制は何もありませんが、今も、自己規制という無責任な縛りにあっているのです。それだけ歴史が深くかかわり苦しんだ方たちがいたということなのでしょう。部落問題と関わっている背景を考えただけで胸が痛みます。

人が人を排除し差別する、そんな理不尽なことはあってはならないし、なくさなければいけないと誰もがわかっているのに、その感情と偏狭性(へんきょうせい)は今も消えてはいないようです。

竹田の改進コミュニティセンターに取材に入ったのは平成二十一（二〇〇九）年の三月

のことです。

学生時代から差別との闘いに関わり、解放運動や同和教育に取り組んでこられた外川正明先生との出会いがきっかけでした。うららかな陽がさし、地区の一角の小さなお社(やしろ)にはかつて子守たちがたむろしている幻影が見えるようでした。歩いている老婦人たちに声をかけさせていただきました。

「竹田の子守唄を覚えていますでしょうか」

「そうねえ、聞けば歌えるけど、自分ではよう歌えん」

「鹿(か)の子しぼりの仕事を覚えて、やっと子どもを育てられるようになってから歌った記憶がある」

「うちらも前はもんばめし飯をよう食べたな。ご飯と麦とに大根の葉っぱを混ぜるのでべたべたになるけど、米の量は増えるし腹は膨れる。食べ盛りだし、親には両得だったんだよ、きっと」

「竹田の地ですか……貧乏しやすいところだったね」

そんな言葉が返ってきました。さらに、いつ頃のことですかと尋ねると、誰の記憶も終戦の頃のようです。

「雪は降るし、学校なんて行かれなかった。差別？　……それはする方に聞いてくださいよ」

と、生活の重みがずしりとのしかかる言葉が返ってきました。

変化が起きたのは、平成十三（二〇〇一）年の『第六回伏見人権の集い』で、この子守唄を歌ったときでした。

外川先生が自費を投じて作成したCDもできて、その完成記念に歌った「竹田の子守唄」は多くの女性たちに変化をもたらしました。皆が感動し涙したのです。闘うことと生きることを数えきれないほど教えられてきた女性たちは、自分たちが歌う唄の持つ力の大きさに触発されたのです。

「竹田の子守唄」は部落解放同盟の象徴として、女性たちは命の大切さと平等を唄で訴えられることを確信し、その瞬間、唄は解放と平和を訴える武器となり歌い続ける団結力となりました。

「どうしたい、こりゃきこえたか」との合いの手は、「皆さん、聞こえたましたか」ということなのですが、私には「私には聞こえますが、皆さんには聞こえましたでしょうか」と聞こえました。つまり私たちの苦しみがあなたたちに伝わるでしょうかというメッセージなのです。

「なくなりませんよ、差別なんて」と、こともなげにさりげなくおっしゃる女性たちは、今各地にこの唄を歌いに出かけています。差別の撤廃を祈りつつ……。

命の根源にある子守唄を歌い始めた女性たちが自分たちを輝かせ、本当の勇気を持つことを教えてくれているようです。深いせつないブルースが、日本のフォークソングとなって広まったのは当然かもしれません。心の故郷に眠る唄としてあり続けたのですから。

名もなかった元歌（民謡）はまた違う歌詞で、採譜地の竹田の名がつきましたが、唄から聞こえてくる問いかけは竹田の地に限らず、差別に苦しんでいる多くの方に勇気を与えているにちがいありません。

◉竹田の子守唄　元歌

ねんねしなされ　背中の上で
親のご飯がすむまで　どしたいこりゃ　きこえたか

この子よう泣く　守をばいじる（いじめる）
守も一日やせるやら

久世の大根飯　吉祥(きっちょ)の菜めし
またも竹田のもんばめし

守に行くなら吉祥院へゆくな
春は菜種のしん食わす

この子死んでも墓いはいらん（墓はいらない）
焼いて粉にして白湯でのむ

盆が来たかて正月が来たて
難儀なおやもちゃうれしない

ないてくれるなよ背中の上で
守がどんなと思われる

来いよ来いよ　小間物売りに

来たら見もする　買いもする

元歌は民謡となり、生活の貧しさや、守子の哀しい環境を歌っていて、直接差別への歌詞は見当たりません。尾上和彦さんが作曲したとされる竹田の子守唄の旋律は、果たして竹田に伝承されていたものかどうかは不明ですが、心の唄としては素晴らしいものだと私は思っています。差別を扱った映画『橋のない川』でも歌われました。

◉竹田の子守唄

守もいやがる　盆から先にゃ
雪もちらつくし　子も泣くし
盆が来たとて　何うれしかろ
かたびらはなし　帯はなし
この子よう泣く　守をばいじる

守も一日　やせるやら

早よも行きたや　この在所越えて
向こうに見えるは　親のうち
向こうに見えるは　親のうち

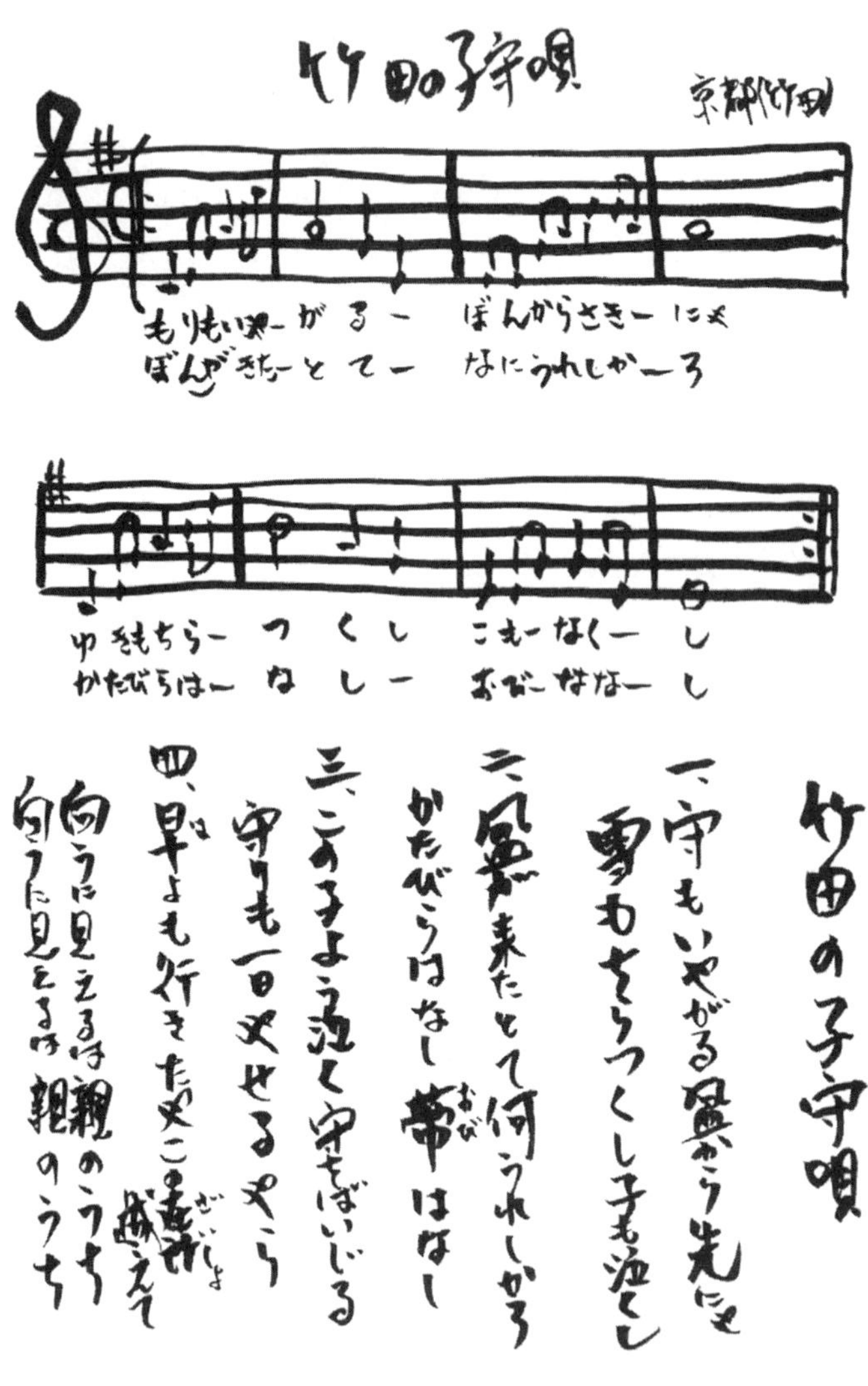

楽譜作成：原荘介（ギタリスト）

大阪府

理不尽な行政に対する抵抗が隠されている
「天満の市「謎」の唄」

◉天満（てんま）の市

ねんねころいち　天満の市で
大根（だいこ）そろえて　舟に積む
舟に積んだら　どこまでゆきゃる
木津や難波の　橋の下
橋の下には　鴎（かもめ）がいやる
鴎とりたや　竹ほしや
竹がほしけりゃ　竹やへござれ

竹はゆらゆら　由良の助

舟、橋の下、鴎、竹と連想ゲームのように場面が変わっていきます。最後は由良の助(大石内蔵助)まで登場させ、情感と文学性に富んだ子守唄です。

天満の市は江戸時代の大阪庶民の台所、市場があったところです。天満は青物卸市場の要でした。

さすが大阪商人です。産地で取れたものを一か所に集めて仲買人が競りにかけて消費者に届けるという仕組みは大阪に発祥しました。

この子守唄、なにかおかしい？　と疑問を投げたのは大阪在住作詞家のもず唱平さんです。

「大阪の人にしかわからんと思うわ」

と言うので、どういうことですかとお伺いしました。

「その野菜の産地が問題ですわ」

つまり、木津は大根の産地、難波に至っては鴨南蛮に欠かすことのできないネギの産地なんです。そこでとれた大根やネギを仕入れて天満に運ぶはずが、運んだものをまた舟に積んで産地に逆流するなどありえない、奇妙なことなのではと疑問を投げかけました。

舟が運搬手段だとして、横堀川を経由して御堂筋に直線距離に行けば、天満から木津や難波は四、五キロという近さなのです。そんな近い距離を往復するのも変です。

江戸中期、天満に大市場を作り隆盛を極めた陰には、幕府の保護や庇護が大きく関わっていたようです。お上と業者の癒着、独占禁止法にあたるくらいの専売政策で繁栄していたと考えられないでしょうか。

まして大阪は城代、町奉行関係の人以外一握りの武士を除いて、ほとんどが商人。人、情報、金……すべてが天満の市に集中してあったと思われます。いわば利権の集中。利権に群がる人のるつぼだったのでは。

ここからは、もずさんの推理です。

「デモンストレーションと違いますか、庶民の」となるのです。

大阪の人間は真正面からは戦わない、どこかで洒落のめし、笑い飛ばしながら本音を言う。ここでは商人たちが川を使って力を示した、悪政への抵抗、権力への反感を唄にした。

流通の流れには疑問が生じたけれど、「私らは知っていますよ」といった示威があったと言うのです。さらに言えば、この唄のできた頃、正徳年間は道頓堀の芝居小屋の最盛期、毎日のニュースが芝居になるというワイドショー並みの人気があったと言います。

大石内蔵助がモデルの芝居もいろは四十七文字になぞらえて四十七士のパロディー『か

な手本忠臣蔵』ができあがるほど大人気。ひょっとして戯作者が、お上から罰せられることのないように子守唄に託して詞を書いたのではないか、とも考えられます。

つまり、戯作者の「心意気」から生まれた子守唄としてもおかしくない、そう思えてくるという「謎」の子守唄なのです。

実にうまくできていて、しりとり形式のような連想ゲームとなっています。相当高度な子守唄であるとともに稀有な子守唄なのです。

確かに流通の仕組みに疑問があるとおっしゃるのは、埼玉県の川越総合卸売市場の根岸孝司代表取締役社長。

「市場にすべてが集められる。たとえすぐそばに産地があっても、そこで自由な価格をつけて売れない仕組みが市場というもの。一定の価格安定と常に品物を確保する役目は今も昔も変わっていないのです。なんでここでできるものを、ここで売ることができないか、と首を傾げる人がいてもおかしくありませんね」

仕組みを解明したとしても、それを改めることは昔も今も至難の業ということでしょうか。

保母のプロ意識が見える子守娘【余部の子守唄】

兵庫県余部（あまるべ）は日本海に面しています。冬は雪が降り、山陰と呼ぶのが似合う厳しい気候です。

かつて、冬の間、男たちは灘や伏見へ杜氏として酒造りに、大和や丹波の山奥に高野豆腐づくりへと出稼ぎに行きました。残された子どもたちもまた、男の子なら牛飼いとして働き、女の子は近郊の村や、遠くは京都、大阪、鳥取へと子守に出されました。

貧しいゆえに小さな労働者として働きに出るのはどの地方も同じ、泣く泣く働きに出て体を悪くするのも、なんとか生き延びる術（すべ）を作るのも、その子の生命力や知恵にかかっているのかもしれません。

兵庫県人は柔軟性と計画性に富んでいるといわれています。この地方に伝わる子守唄には、子守に出された勤め先が、自分の「飯のタネ」だとしっかり認識している「根性」を感じさせる、負けん気の強い気風を感じます。

同じ兵庫県与布土（よふど）地方でも、「守はつらいもんじゃ　子に責められて　人に楽げに思わ

れて　なんぼ泣いても　この子はかわい　飯の種じゃと思やこそ」と歌われています。
人から楽な仕事と思われるのはつらいけれど、これが仕事と思えば憎らしい子どもでも可愛くなってくる、と大きな度量を示しています。

歯を食いしばっても自分はその働きで食べられるのだという意識は、兵庫県という立地条件にあるのでしょう。摂津、播磨、丹波、但馬、淡路と五つの多彩な顔を持ち、なお、京都、大阪という阪神の個性の強い先進府に隣接していて、多岐にわたり、多くの情報を得られるところから、かえって融通性のある人当たりの良い性質ができあがっているせいかもしれません。

結構楽しげに歌われていたように思われるのは、子守娘といえば哀しい運命に翻弄されるイメージが強い中では、この「余部の子守唄」にはあっさりさと、結構楽しげな後味の良さが残ります。ユーモアのセンスもうかがえます。

今も山陰本線の名物となっている、余部の集落をまたいで架けられた「余部鉄橋」は明治四十五（一九一二）年に完成し、山陰本線前線の開通に寄与しました。その後、昭和三十（一九五五）年には大人も子どもも一体となって海から砂や石を運び、「餘部駅（あまるべ）」を完成させたのです。根性ある子守娘たちの子孫もきっとその中にいたに違いありません。力強い生命力を感じます。

◉余部の子守唄

山の木の葉が　紅(あ)こうなるを見なれヨ
あれが落ちたら　雪が降る　雪が降るヨ
守り子が泣きゃ　つめったとおっしゃるヨ
何がつめりましょ　飯の種　飯の種ヨ
うちのみよちゃんに　あげたいものはヨ
乳にうまうま　赤いべべ（着物）　赤いべべヨ
赤いべべきせ　赤い草履はかせヨ
つれて参ろや　神様に　神様にヨ
つれて参ったら　どう言うて拝むヨ
一期この子の　まめなよに　まめなよにヨ
守り子守は　日の暮れが大事ヨ
朝の寝起きは　なお大事なお大事ヨ

奈良県

吉野山の利権争いの哀しい唄【洞川の子守唄】

陀羅尼経という経文からの命名でしょうか、「陀羅尼助」という万能漢方薬があります。奈良県天川村洞川の旅館「あたらしや」の御主人、故・大西友太郎さんが突然事務所に飛び込んできたのは、日本子守唄協会ができてすぐのことでした。当時、大西さんは奈良県洞川の村長さんをしておられ、「わが村に残る子守唄を保存しておいてほしい」という一心で病身をおして子守唄を届けてくださったのです。

陀羅尼助はそのときにいただいたお土産でした。千三百年も前に「役の行者」が作ったとされる修験僧たちの常備薬でした。「役の行者」は、天狗の祖とも言われている修験僧で、呪術や超能力、薬術などを会得し、一大修験道を切り開いたという人です。大峰、高野、熊野の霊山は奈良、和歌山、三重にまたがる修験道として千年の前からある宗教道でもありました。

この霊場と修験道に寺社が点在し、各地から修験修行の僧たちが訪れ厳しい修行の中から、山岳信仰が全国に広がっていきました。参詣や祈願に来る人もあふれかえりました。

まして大峰山の中腹に吉野山があり、花見となれば豪華絢爛の宴が至るところで催されました。今も桜の名所といえば吉野となっています。

さて、ここからが子守唄です。

桜と霊山がそろえば参詣客はどれほどの数となるやら。しかし、吉野山桜と宗教繁栄の地であるのに、同じ大峰山に通じる天川村洞川は、貧困の寒村集落でした。

同じ山の中にあって、入山料からお賽銭、花代に至るまですべて吉野山に持っていかれるのはおかしい、利権を共有できないか、という訴えを洞川が吉野に起こしました。

最初は、大峰山に上るのに吉野からは六里なので六文、洞川からは三里なので三文と決め、これを村の収益としていましたが、その収入の差はあまりに大きく、この入山権をめぐる双方の対立、小競り合いは続き、土地の利権争いはついに、洞川が江戸幕府社寺奉行に提訴するという事態になってしまいました。文化三（一八〇六）年のことです。

貧乏な洞川では江戸までの長旅の旅費もままなりません。一か月の旅費代は村民がみんなで出し合い、陀羅尼助を持って、一汁一菜でしのぐ強行軍の旅、その使者となったのが村役人の「才兵衛」という若者でした。才兵衛には妻と幼い赤ん坊がいました。その二人を村に残して村の存続をかけた交渉に行く役になったのでした。

ここからは謎の部分です。奈良にも大阪にも寺社奉行があるのです。なぜ手近にある役所に行かなかったのかは不明ですが、おそらく地域の力関係や宗教がらみで吉野に有利に働いていたとしか推測するよりありません。ならばもっと上層部、江戸に訴えようと必死になったのでしょう。

果たして才兵衛は江戸に着いたのか、直訴は叶(かな)ったのか、公訴の勝敗の結果は資料もなく謎のままなのでわかりません。何しろ、才兵衛は洞川には戻ってこなかったのです。一説には行方知らずとも、殺されたとも言われています。残ったのは妻の「おいよ」さんの幼子に歌う子守唄だけでした。

村のために働いた才兵衛と残された妻子、痛ましい夫婦の結末は、花の時期になると洞川で歌われるそうです。華やかな花の土地には人生の悲哀が隠されているということでしょうか。

◉洞川の子守唄

おいよ　才兵衛　未だもどらぬか
未だ戻らぬながの旅よ　よーいよ

ながの旅すりゃ　身を大切に
人のお世話にならぬよに　よーいよ
鐘がゴーンとなりゃ　もういいのと
此処(ここ)は寺町いつも鳴る　よーいよ
人のうわさで　帰ると聞いて
今日も待ちぼうけユデの旅　よーいよ
山の　とりざえ　ねぐらをさがす
またも涙の日が　暮れるよいよ
雲が　流れる　小南峠
坊やの父さんまだ見えぬ　よいよ
クツ掛け　栗橋　二つ岩
聞こえるものは風ばかり　よーいよ
背なを　枕に　寝る幼子の
頬に涙が光ってたまる　よーいよ
待てど　暮らせど　帰らぬ人を
死出の旅路にならぬよに　よーいよ

生きているなら　夢でもよいから
やいよ無事かと問うてほしい　よーいよ
村の為だと　人は　言うけれど
いよの涙を誰がしろ　よーいよ

奈良県

伝統と歴史の都の唄
〔北山の子守唄〕

奈良「ナラ」とは朝鮮語の繁華な町という意味です。大和朝廷が置かれた土地ですから、さぞや栄えた都だったことでしょう。

仏教を広めた聖徳太子はこの地で五人の乳母によって子守唄を歌われて眠らされていました。その子守唄は聖徳太子伝第五巻に記載され、歌詞は脅しの子守唄として有名、どうやら太子は寝ないとお化けにさらわれるよ、と言われて毎日泣きじゃくっていたようです。別名「夜泣き太子」と言いますが、魑魅魍魎（ちみもうりょう）の朝廷の奥では、権力争いが渦巻き、盛衰を繰り返していたのですから、賢い幼い太子には悪霊が、うようよ見えていたのかもしれません。

太子とは別に当時の庶民はと言えば、山岳信仰の霊山を仰ぎ、豊かな田畑と川のせせらぎの音を聞きながら、子守は子守唄を歌い、母親たちは働きながら大切に子どもを育てていたようです。神聖な都市としての奈良の生活は自然を抜きにしては考えられません。

まして日本の中心である都の華美さを目の当たりにすれば、興味は華美な都に向かうのは仕方ありませんが、奈良は昔から新しい文化には容易に飛びつかない、おっとりとした土地柄でしたし、身分のしっかりした制度に守られていましたから、自分たちの生活基盤をかたくなまでに守り抜いていたようです。身分不相応なことには飛びつかないのです。

この地の唄や芸能はひっそりと土地に根付いて、外に流布されることが少なかったせいでしょうか、子守唄も数少ないとされています。探ればきっと、多くが奥深く格調高く静かに眠っているのでしょうが、人から人へ広範囲に広がっていくということはありませんでした。伝統と歴史の都は、秘して守り抜いてこその奈良だ、という矜持（きょうじ）が庶民にあったのです。

のんびり豊かな都は人の心も豊かにし、幼子たちは子守唄に触れ、喜怒哀楽の表現を覚え、眠りについたのです。

上北山、下北山合わせて北山郷と呼ばれる地は温暖多雨、豊かな北山川が南下しています。歌い継がれてきた子守唄は奈良の代表的な子守唄です。今でも北山あたりで歌い継がれています。

◉奈良北山地方の子守唄

泣くな泣くな　泣くなよ
泣いたら　鳶(トンビ)につままれる
泣いたら　小鷹につままれる
こうって寝れ　こうって寝れ
こうって寝れよ
寝れ　寝れ　ねしょの子
起きれ　起きれ　男の子
うちの赤ちゃんの
誕生日には　赤飯(あかまま)たいて
一生この子の　まめなよに
うちの赤ちゃんは　もうつい寝てよ
誰もやかまし　いうてくれな

さて、子守唄は、幼児が母の言葉と音に触れる最初の命の文化との出会いです。それは風土の中から生まれ、生涯その身体の中から奪われることのない宝物として、温存される宝石となるのです。母からもらう最初のプレゼントです。

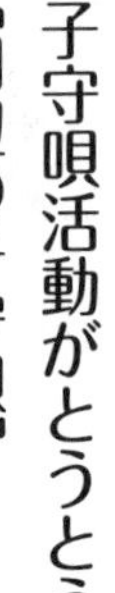

子守唄活動がとうとう停止!?
〔田辺の子守唄〕

南紀白浜空港から車で田辺市神子浜（みこのはま）まで出かけたのは平成二十二（二〇一〇）年の九月でした。

神子浜に伝わる唄が保存されているというのでさっそく出かけることにしたのです。昭和一桁生まれのおばあちゃんたちが作っている、田辺東部郷土史懇話会の会長・竹中秀夫さんの計らいでした。

穏やかな田舎町の神子浜、町内会館に十人ほどのおばあちゃんたちが集まって私を迎えてくださいました。平成十九（二〇〇七）年に「当地に伝わる童歌の収録」の提案がなされ、当時神子浜で生まれ育った女性たちが数名、幼い日の記憶をたどりつつ書き出して残す仕事をしてくださったのです。

「昔ほど里山の自然がないのが、唄がなくなった理由」
「たくさんの家族で今は住まなくなったことも原因」
「子守なんて言葉、今は言っても誰もわからない」

日本の原風景が失われることは、土地の文化も失われることなのです。童歌に限らず、当地に伝わる亀踊り音頭や伊勢節なども合わせて、録音記録保存されたということですが、竹中さんのように率先して残そうとする方がいなければ、永久になくなってしまうかもしれません。

◉いちれつだんぱん

一列談判破裂して　日露戦争始まった
さっさと逃げるは　ロシアの兵
死んでも尽くすは　日本の兵
五万の兵を引き連れて　六人残して皆殺し
七月八日の　戦いに
ハルピンまでも　攻め込んで
クロパトキンの　首を取り
東郷大将　万々歳

お手玉が流行(はや)った頃の子守唄だったという話も出ました。今聞けばなんとも物騒な唄ですが、世の中の動きが話題となり、ドラマ性もあって流行ったのでしょうか。戦時中は子守唄も軍歌や戦勝の唄が多く歌われました。

お伊勢もどりに　アア　この子ができた
お名をつけましょヨー
伊勢松とヨー
色で迷わす　アア　スイカでさえも
中にナー　黒（苦労）の
種があるヨー

伊勢音頭を夫婦掛け合いで子どもに歌ったという方もいました。今はそのご主人も他界して寂しいということでした。

何かがあれば唄の宴になった時代。そういえば日本子守唄協会で採譜した中に「川づくし」というのがありました。

◉川づくし

紀州　紀ノ川
安楽(あら)川　粉河(こ)
饅頭つつむは竹の皮
鬼のふんどしの皮
安珍清姫(あんちんきよひめ)　日高川
武蔵坊弁慶　衣川(ころも)
楠木正成討ち死にしたのは　これも兵庫の湊川(みなと)
わしのナー　うたうのはヨー
みなうそのかわ

手拍子が入り、これもれっきとした子守唄として歌い継がれてきたものなのです。歌う側が気持ちよく歌ううちに気がほぐれてくるのは親と子の「両情一致」の心境で心が育っていくものなのですから。

平成二十二（二〇一〇）年、田辺東部郷土史懇話会はその活動を終結しました。

「時を経るにしたがって、役員はじめ会員の皆様の高齢化が進み十分な活動ができない状態となりまして平成二十（二〇〇八）年よりは会の活動を一時休止しておりましたが、このたび臨時総会を開催しまして本会の活動を終結しました」と、連絡をいただきました。私の手元には「永久保存」と書かれた歌詞集が今も大切に残されています。

◉神子浜の子守唄

ねんねんころりよ　ねんころり
沖の暗いのに白帆がみえる
あれは紀の国みかん船
みかん船なら急いでおいで
江戸で売り子が待ちかねる
よしよしよしよし　ねんころり

野でも山でも子は産みおけよ
千の蔵より子は宝

秀吉の根来攻めの悲劇を伝える
〔根来の子守唄〕

温暖で起伏の激しい紀州南部、大阪の影響を強く受けている紀州北部。ともにみかんの産地であり、共通して男性的な気風が色濃い土地です。かなり古い時代から表だって男性の活躍が目立つということにも影響されたかもしれません。紀南は捕鯨の漁場であり、一方北部は巨大な勢力となった僧兵ら宗徒たちの地です。

両方怖そう。男の中の強者（つわもの）の感じがします。

平安時代、和歌山県北部に仏教の聖地として隆盛を極めた高野山は嵯峨天皇から空海に下賜（かし）された禅の修行場でした。空海以来の学僧と言われた覚鑁（かくばん）上人もまた、鳥羽天皇の庇護のもと高野山全体を支配する権力を把握しますが、高野山の内部抗争で、高野山を下りざるを得なくなりました。

高野山僧兵が幅を利かせ、その存在をアピールして恐れられていましたが、覚鑁が提唱したのはあくまでも空海の教義の復興でした。勢力争いのあと、覚鑁上人は山を降り、高野山から分かれて根来に拠を構え真言宗総本山「根来寺（ねごろじ）」を形成します。

室町時代には根来寺を中心に一大宗教都市ができ、二千余院の寺があったともいわれています。こちらでも根来衆と呼ばれる僧兵ができあがり、巨大な軍事集団になると、信長と一緒になって戦いに挑むなど僧侶に非ずといった力を発揮するようになりました。

しかし、時代が信長から秀吉に代わると力関係が変わっていきます。僧兵の力の大きくなるのを恐れた秀吉は、天正十三（一五八五）年、突然根来に奇襲をかけ、寺院の大方を焼き討ちしました。

火は三日三晩燃え続けたと言います。何しろ、秀吉十万の兵に対し根来僧兵七千というのでは戦いになりません。紀ノ川までもが火に燃えたとあります。

徹底した攻撃の「根来攻め」の前に助けを求める人々の叫びが、唄として今に伝え残されています。

「ねんね根来の　かくばん山でよ」の一節は語りかけです。史実をはっきりさせておきたいという表れでしょうか。

「としょじこいよ」というのは徳川の援軍を待ち望んで「東照君」徳川家康とも、家康を年寄りとして「としより」をなまって言ったという説もあります。いずれにしても秀吉と家康との対立はすでに始まり、流れは徳川の時代に突入し始めていたのです。

徳川に助力を乞(こ)う唄の隠れ蓑が歌詞に盛り込まれているということです。

その後、政治家の家康は大坂の陣で豊臣を滅ぼし天下平定を成し遂げます。秀吉の遺子・鶴松を弔うために建てた祥雲禅寺を根来寺に寄進したり、一部を復興したりと政治力を発揮しますが、根来の人たちにとっての歴史や史実は消したくても消せない焼き討ちの風景には変わりはないようです。

◉根来の子守唄

ねんね根来の　よう鳴る鐘はヨ
一里聞こえて　二里ひびくヨ

ねんね根来の　かくばん山でヨ
としょじ来いよの　鳩がなくヨ

ねんね根来へ　行きたいけれどヨ
川がおとろし　紀ノ川がヨ

ねんね根来の　地蔵さんこけてヨ
それがおかしゅて　眠られんヨ

さんさ坂本　箒(ほうき)はいらんヨ
お不動詣りの　裾ではくヨ

さんさ坂本　室谷(むろや)の娘ヨ
嫁にいたとは　住蛇池(じゅうじゃいけ)

ねんね根来の　塔の堂の前でヨ
横に這(は)うかよ　臥竜松(がりゅうまつ)

私が岩出市の「根来の子守唄保存会」の梶本洋子会長とお会いしたのは平成二十五（二〇一三）年二月のことです。

保存会の皆様が子守の姿で踊ってくださいましたが、皆様高齢になりこの先の保存の仕方を模索していました。テンポや旋律など時代や歌われる事情も変わってきていますから、これから様々に変化していくかもしれません。それだけ歴史の古さが裏付けにあるのですから。

歴史は後世の人がどう伝えていくか、唄もまた生き証人であると思わざるをえません。

育児の心に寄り添って【中国地方の子守唄】

さて、今のお母さんたちに「子守唄」は必要でしょうか。

若いお母さんを前にして子守唄の話題に触れると、中には顔をそむけて、あるいはまるで敵対心を持っているように睨みつけてくることがあります。

「冗談じゃないわよ、ただでさえ忙しくてくたくたなのに、唄なんて歌う暇があると思っているの」

「子守唄を歌うといい子が育つという保証があるの」

「子育て中の母親は、独身女性の倍は負担がかかっているのに、さらに唄まで歌えって言うの」

「それって、子育てが終わっている人が言うだけでしょう」

ごもっとも。この私とて育児最中のことを振り返れば可愛い、良い子とばかりに育てた記憶はありません。いらいらハラハラのしどうし、泣きやまない子につい手をあげてしまったことも再々。逃げられるものなら逃げたいと、何度思ったことでしょう。五年間で三人の娘が続いて生まれ、これは地獄の日々とも感じたことがあります。おっぱいとおむつと洗濯の日々は、永久に続くのではないか、「私の人生返して」と叫びたい気持ちでした。

映画も読書も外出もおしゃれもままならず、髪を束ね、Tシャツ、ズボンが定番、せめてエプロンにオシャレをなどは夢の夢、よだれかけをかけた途端に子どものよだれと吐しゃ物で汚され、「もういや！」と思わず叫び、母や祖母から「子どもは手がかかるもの」「あっという間に大きくなるよ」と慰められるたびに、私も「他人事(ひとごと)だと思って」と目をむいていたと思います。

でも今だから言えることもあるのです。

「子育てにマニュアルはない」「子どもは自分の生活から創られていく」という事実です。育児の落とし穴は、育児はこうあってほしい、こうあるべきだと画一的に考えてしまったら、もうできなくなることです。育児が混乱してしまうので、だんだん鬱になってしまいます。

ですからまず、その「子守唄」を子どものために歌っている、という観念を捨ててください。

子守唄は自分の心のはけ口、自分のために歌う唄なのです。

日本子守唄協会で「子守唄講習会」というのを始めたとき、最初は区の主催ということで強制的に参加させられたお母さんにはまったく笑顔はありませんでした。口をへの字に曲げていたお母さんに子守唄を歌っていただいているうち、うっすら涙が浮かんできました。

「あれ、なんで泣いているのかしら、私」

涙がとまらなくなりました。

頑張りすぎていたんです、きっと。お母さんの気張りすぎはよくありません。

◉中国地方の子守唄

ねんねこさっしゃりませ
寝た子の　かわいさ
起きて泣く子の　ねんころろ　面憎(つらにく)さ
ねんころろん　ねんころろん

ねんねこさっしゃりませ

きょうは二十五日さ
あすはこの子の　ねんころろ　宮参り
ねんころろん　ねんころろん

宮へ参ったとき
なんというて拝むさ
一生この子の　ねんころろ　まめなよに
ねんころろん　ねんころろん

岡山県井原に伝承されていた「井原の子守唄」が声楽家の上野耐之（たいし）によって作曲家の山田耕筰（こうさく）に紹介されました。詞に感動した耕筰はこの唄を「中国地方の子守唄」と改題し編曲しました。途端に、中国地方のあちらこちらで歌われるようになりました。

今も日本の子守唄の代表格の一つです。

子育ての本質がこの子守唄の冒頭にあります。

「寝た子のかわいさ　起きて泣く子の面憎さ」

これ名言だと痛感しています。

香川県

神様は愛媛と徳島を〝女性〟、高知と香川は〝男性〟と見立てて国造りを始めた〔四国ののどかな子守唄〕

平成二十三（二〇一一）年の東日本大震災では、人間関係が希薄な無縁社会が問題となっていたのが、一夜にして「有縁社会」に変わりました。「縁」の大切さが取り沙汰されたはずが、数年がたち今度はその縁を避ける「避縁」という現象が起きている気がします。

縁に縛られて身動きがとれなくなるくらいならご縁があっても避ける。無関心になる。そんな社会が孤独な人間を作り、犯す犯罪は凶悪非道になるものばかりです。虐待は増え続け、その多くは誰ともかかわりを持てず孤独が引き金になっているとも考えられます。「絆」の始まりである親子関係は、これからますます希薄になっていくかもしれません。となれば、伝承の力はますます薄らいでいくかもしれません。そうあってほしくはありません。親しい人たちが住む土地こそ、子どもが安心して住める場所です。土地の暖かさは孤独を消す特効薬なのですから。

神話によると、神代の昔、国造りのイザナギ、イザナミの両神様は四国を四つに分けてお造りになったとあります。愛媛県、香川県、徳島県、高知県です。

愛媛と徳島を女性に見立て、高知と香川を男性に見立てました。今でも讃岐男（香川県）と阿波女（徳島県）の相性の良さがよく言われているのは、神と女神の仲の良さが力を合わせて国造りをするという理想を描いているからかもしれません。そんな歴史を持つ四国の県民性が、人柄を穏和にのんびりさせたのでしょうか。

人は可愛がられて育てられると、小動物を愛するようになるそうです。猫や犬をかわいがる人は、心底やさしい気持ちを親からもらっているのだそうです。感性は親からの遺伝によってつくられるものです。

讃岐は四国の玄関口、日本で一番日照時間が長いことで知られています。瀬戸内海に面し、雨が少なく、温暖な気候のままに自然をはぐくんでいます。その土地に可愛い「うさぎ」を置いてみた子守唄です。

小さくてかわいい、やわらかい感触のうさぎ。つぶらな瞳に見つめられると心もふんわりしてきます。それはきっと当たり前の女性たちが持つ「母性愛」につながるものかもしれません。母うさぎが子うさぎを口にくわえているところを想像するだけで、つい口がほころびます。母うさぎも人間の母親も、子どもを愛しく思う気持ちは一緒です。

子守唄には凶暴で大きな動物が出てくることはめったにありません。いつも小動物やか弱い生き物に心を託すようにできています。もっとも幼く弱い赤ちゃんに歌われる唄なのですから当然と言えば当然なのですが、赤ちゃんのイメージと、うさぎを同等の位置に置いて、のんびり歌う子守唄は、香川県の争いごとが嫌いで楽天的な人が好んで歌う子守唄です。

◉四国全域に伝わる「お山のうさぎの子」

ねんねこお山の　うさぎの子
どうしてお耳が　長(なご)ござる
小さいときに　母さんが
お耳をくわえて　ひっぱった
それでお耳が　長ござる

ねんねこお山の　うさぎの子
どうしておめめが　赤こござる
小さいときに　母さんが

赤い木の実を　食べたゆえ
それでおめめが　赤ござる
ねんねこせー　ねんねこせ

◉徳島の子守唄

人につかえりゃ　七重の膝を
八重に折るとや　気に入らぬ
寒や北風　かわいや子ども
賽(さい)の河原で石あそび
うちの父ちゃん　浄瑠璃ずきで
根ぶか浄瑠璃　節がない
ねんねねんねで　寝させておくれ
なにか寝られよ　たたかれてよ

◉香川の子守唄

旦那大黒　かみさん恵比寿
ござるお客は福の神よ～
うちのこの子は　きりょうよし
歌につくろか　音頭にだそか
それとも五月幟（さつきのぼり）の絵にかこうか

◉愛媛の子守唄

あの子よい子だ　目がふたつ
も一つあったら　化物じゃ
親がないとて　馬鹿にすな
親はあります　極楽に

◉高知の子守唄

守さん守さん　もりさんよ
松葉のかんざし　買うちゃるぞ
親のない子は　磯辺の千鳥
袂（たもと）くわえて門にたつ
こんな泣く子の守りするよりは
いんで田の草　取るがよい

出典：北原白秋編『日本伝承童謡集成』（三省堂）

第五譜

九州・沖縄地方の子守唄

長崎県

千八百キロ離れた地に根づいた哀歌
〔島原の子守唄〕

子守唄で唯一の著作権を保有しているのが「島原の子守唄」です。長崎県島原半島に伝わる子守唄です。この唄の元歌というのが古くから山梨県に伝わる「縁故節（えんこぶし）」という民謡であるというのが通説です。

山梨から千八百キロも離れている島原になぜこの唄が流れてきて根づいたのでしょうか。「縁故節」は山梨県甲州の柳沢峠あたりで歌われました。「この地方は地形が急でお嫁に行って水汲みに苦労するよ」という内容です。

◉縁故節

縁で添うとも　縁で添うとも
柳沢は嫌だよ
女が木を切る

女が木を切る　茅を刈る
ションガイナ～

――どんなに縁があっても柳沢に嫁に行くのはやめた方がいいですよ。山の奥であり、女性が木を切ったり、茅を刈ったり水汲みしたりと大変苦労します。

女の労働がどんなに厳しいことか、と歌っています。

山梨は昔から石切り職人のとても多いところです。石炭景気に沸く九州の炭鉱や開発に駆り出され、出稼ぎ先で歌われていたと思われます。この唄も戦前に石切り職人が多く島原に渡って行き、故郷を懐かしんでそこで歌われたというのです。望郷の思いは唄に託され慰めとして口の端に上ったのでしょう。戦中に今度は替え唄としてこのような歌詞となって歌われました。

行くときゃ兵隊さんで
行くときゃ兵隊さんで
帰りは仏よ
諫早(いさはや)トンネルこえりゃ

諫早トンネルこえりゃ
桐の箱だよ　ションガイナ〜

山の上から見れば、戦死して帰る遺骨を抱く女たちの姿が目に浮かびます。葬列の哀しい風景です。この唄は一時期、反戦歌として歌ってはならぬと物議を醸し出したそうですが、その旋律の美しさから歌われ続けました。

山梨に始まり、戦前戦中と歌われた唄は戦後、島原に住む宮崎康平さんによって子守唄となって登場してきます。

宮崎さんは『まぼろしの邪馬台国』という本の著者として有名な作家です。後年、島原鉄道の代表取締役もなさった方です。父から引き継いだ自分の事業も倒産されたり、失明され、おまけに二人の子を残して妻に去られました。過酷な運命ですが、そんなある日、口之津（くちのつ）港の海に立って子どもをつれて死のうとします。そのとき、この港から東南アジアに娼婦としていく「からゆきさん」のことが頭をよぎりました。若くしてアジアに旅立つその女性たちの哀しみ苦しみはいかばかりか。運命の哀しさを嘆き、異国に旅立つ少女たちの身の上に自分を重ねていたのかもしれません。

宮崎さんによって哀しいからゆきさんの歴史が歌詞となって登場したのです。哀歌として定着する「島原の子守唄」はそうした背景の中で生まれたのです。哀しい女たちの歴史は唄の中で今も生き続けています。

◉島原の子守唄

おどみゃ　島原の
おどみゃ　島原の
梨の木育ちよ
何の梨やら　何の梨やら
いろけなしばよ　しょうかいな
早よ寝ろ泣かんで　オロロンバイ
鬼(おん)の池の久助どんの連れんこらるバイ（人買いのこと）
オロロン　オロロン　オロロンバイ
オロロン　オロロン　オロロンバイ

――島原の梨の木のある家で育った私は色気もない、ないない尽くしの毎日です。泣かないで、早く寝て、寝ないと人買いが連れにきますよ。

帰りにゃ　寄っちょくれんか
帰りにゃ　寄っちょくれんか
あばら家　じゃけんど
芋飯（いもめし）や粟ん飯
芋飯や粟ん飯
黄金飯（こがねめし）ばよ　しょんがいな
嫁さん　紅（べ）んな　誰（た）がくれた
唇つけたら　暖ったかろ

――帰りには立寄ってください。粟飯に芋を混ぜたごはんのご馳走しかありませんが。嫁の口は紅をのせて赤いですか。一体誰がくれたんでしょうか。

姉しゃんな　どけいたろうかい
姉しゃんな　どけいたろうかい

あおい煙突のバッタンフル
唐はどこんねき
唐はどこんねき
海の果てばよ　しょんがいな
オロロン　オロロン　オロロンバイ
オロロン　オロロン　オロロンバイ

――姉さんはどこに行ったのでしょう。青い煙突の外国船の中に閉じこめられて外国に連れていかれたのでしょう。

あん人たちゃ　二つも
あん人たちゃ　二つも
金の指輪を　はめとるばい
金はどこん金
金はどこん金
唐金(からかね)げなばい　しょんがいな

オロロン　オロロン　オロロンバイ
オロロン　オロロン　オロロンバイ

――あの人たちは二つも指輪をしています。外国で稼いで買ったのでしょう。

オロロンはアルメニア語のゆりかごのことです。

からゆきさんを石炭と一緒に運んだバッタンフール船会社（英国の船会社）は今も存在しています。問い合わせると、石炭しか運んでいなかったはずと返事が返ってきました。そんな事実はないということです。哀しい女たちの歴史は唄の中の永久の証人なのですが。

この子守唄くらい長い旅路をした唄はありません。

長崎県

迫害・弾圧・信仰
〔隠れキリシタンの子守唄〕

徳川幕府のキリシタン弾圧は長崎でもっとも厳しく行われました。市中にあった十一か所の天主堂はことごとく破壊され、信者たちは検挙、迫害、拷問、残虐きわまりない処刑の中で、その信仰を守り抜いたのです。しかし、禁制の法は厳しく、改宗か死か、いずれの選択しかありませんでした。

人々は踏み絵の儀式に従い表面は仏門に帰依したと偽り、心の中ではキリシタンの教えを守り抜いたのです。たとえ生きたとしても烙印（らくいん）は生涯ついて回り、幕府の監視の目を逃れることはできませんでした。そんな中で子孫代々、信仰を受け継いで伝えたのです。

子どもが生まれると親は村の総領に届け、ドメゴスという祝日を選んで経文を唱えつつ幼児の額に十字をきり霊名をつけます。信仰は当人の意志ではなく、生まれ落ちたときに決定されるのです。

しこんこんよ

ロスカどんの嫁ご（洗礼名ロスカさんの嫁さんは）
海とっちゃぼっちゃん（迫害されて海に投げ込まれたよ）

子どもの遊び唄には霊名を盛り込んで遊んでいる唄も残っています。やむなく踏み絵をせざるを得なかったときは、信者は帰ってから足を洗いその水を飲み干し、罪を詫びるのです。

参ろうや　参ろうや
パライソの寺に　参ろうや
パライソの寺と申すれば
広い寺とは申すれど
狭い広いは　わが胸にあり

「パライソ（天国）に行けば、どんなに現世がつらくても歓楽がまっている」という唄です。あくまでも、あの世の神のもとに行ける日が救い、なのです。聖隷（せいれい）の名のもとに、つまりイエスの奴隷としての確たる奉仕の精神が暮らしの支えという信仰は、死さえも恐れないという強いものなのです。

キリシタンの多く住むところでは、生まれてすぐにその赤ん坊と出会った人を育て親にするという風習も残っています。迫害で親が囚われても、その子を育てる親代わりの人間を作っておくという仲間意識の結束が決められているようです。

権力を持ち、統治できる側の人間からすると、常に心の平安を脅かす危険分子を許すことはできなかったのでしょう。神の前で平等、という考えは人間の及ばない領域のようにも思えます。血眼になって隠れキリシタンを取り締まった人間の狭量さもさることながら、こうして外国の宗教が日本に入ってくるという権力者たちの怯えも、ご禁制を強力なものにしたように思えてなりません。

長崎大浦地区にはキリシタンの子守唄が残っています。

おどんがどぅしゅろ　どぅしゅろな
竹ん島　竿とるぎゃ
うどんがえ　とっつぁんたちゃ
おろろん　おろろん　おろろんよ（繰り返します）
おろろん　おろろん　おろろん

おろろん　おろろん　おろろん　おろろん
おろろん　おろろん　おろろん　おろろんよ

アラ　みそさが　かっちゃんたちゃ
みそさが　みそさが　しょうけいっぴゃ

うどんがえん　かっちゃんたちゃ
茶園原ゃ　茶摘みぎゃ
お茶場よんにょ摘んで　はよもどれ
おれろばん子は　泣かせちゃらぬ

アラ　みそさが　しょうけいっぴゃ
みそさが　みそさが　しょうけいっぴゃ

ねんねこゆて　ねんねせんややは
打つとか　たたこか　なんぎゃろか

起きて泣く子の　つらにくさ

「かわいいかわいいわが子よ　お父さんは海に藻を採りに行ったのに竿を流されてしまった　かわいいかわいい　限りがないほどかわいいわが子よ……」といった単純な子守唄です。詳しい意味はわかりませんが、なぜか、キリシタンの哀歓を感じてしまうのです。

織田信長のときに容認されたキリシタンは、信長の死後、豊臣秀吉による激しい弾圧の時代を迎えます。伴天連（バテレン）の追放は慶長二（一五九七）年、京都において、左耳を切り落とし市中引き回しという残忍な所業でした。

そして徳川幕府はキリシタン禁制をさらに徹底していきます。当時、長崎には三万人のキリシタン信者がいました。隠れても信仰を守りぬく人の意志や心を変えることなどできはしないのです。

長崎県

島あげての子守唄フォーラム【壱岐の子守唄】

壱岐(いき)は長崎県に属します。この離島は、海路で行けば福岡県からの方がずっと近いのですが、なぜか長崎県なのです。長崎からは百五十キロメートル、福岡からは七十六キロメートル、なんと佐賀県からは四十九キロメートル。玄界灘に浮かぶこの島で「子守唄フォーラム」という催事をしたのは平成十八（二〇〇六）年のことです。この島に二千人が訪れ、今考えても不思議なほど盛り上がりをみせました。

その年続いて起きた長崎県での子どもの虐待事件や飛び込み自殺がきっかけで、皆がそんな不祥事は二度と起こしてはならないという「大人たちの覚悟」に目覚めていたのです。当時の長崎県知事・金子原二郎さんを説得して島あげてのイベントに奔走してくださったのは県立長崎シーボルト大学の小林美智子教授と平山宏美さんという旅館の女将さん。この二人の女性の並外れた理想と行動力の賜物でした。

お二人は、福岡からのフェリーの割引乗車券をＪＲ九州に依頼し、新聞社やマスコミを回り、旅行会社と連携をし、おまけに壱岐の子どもたちによる「子守唄の会」を発足させました。そして、子どもたちが当日歌い踊る唄の練習に打ち込めるように尽力するなど、その活動のエネルギーのすさまじさに私は目を白黒させていました。

「風が吹いても雨が強くても欠航ということの多いのに福岡のお客をあてにするとはなんて無謀な」「全島あげて、おまけに野外でステージを組むなんて危険です」「赤字が出れば誰が責任取るのですか」「けが人が出たらどうするのですか」と、マイナス要因を列挙して尻込みしたのは、ほとんど男性たちだったのにもびっくりしました。

そんなことをものともせず「なせば成る」と突き進んだ平山さんは大変な女傑です。そうして、「壱岐の島の子守唄フェスタ」は幕をあけました。

五月の空は真っ青でした。野外に模擬店や出店が並び、あっという間に人であふれかえりました。当日は佐賀から「子守唄ちっちょこはっちょこの会」のメンバーがバスで到着、東京からも多くの人が駆けつけてくれました。

「野外コンサート」は各地の子守唄の演奏で始まり、壱岐の子どもたちが唄や踊りを披露してくれました。夜は各会場で懇親と対話の会があり、「子どもたちが幸せに暮らせるには」というテーマでゲストを交えて、皆で夜なべ談義、地元の食材の料理と壱岐焼酎で盛り上がりを見せました。

最後は「蛍の鑑賞」。帰り道、洋服のポケットに入り込んだ蛍が光っているのに皆びっくりした思い出があります。

改めて地元にある子守唄は「地域を味あわせてくれる宝物だ」と実感しました。毎日続く子どもたちの痛ましい事件は、あまりに多くの刺激が続くために、私たちの感性をすっかり鈍らせてしまっている現状です。何か行動をして、子どもたちに地元で思い出を作ってもらおうと頑張る女性がもっと出てきてもいいように思えてなりません。

平山さんのお姑さんの泰(たい)さんは、先祖が平戸藩のご典医、雇い人は韓国から唐辛子三本持ってやってきたと、懐かしい話をしてくださいました。子守唄というと必ず記憶の糸が解きほぐされるのです。地方ではなおのこと。

◉壱岐の子守唄

ねんねぇ　こんぼう　こんぼうよう
あしたも　はよ　おけしゃんせ
ぼっちゃん　ちいち　くわするけん
ついて　いやならやいちくりゅう
ねんねぇ　こんぼう　こんぼうよう

◉平山泰さんの覚えている壱岐の子守唄

ねんねん　森の子鳩たち
こんなにくらい晩だもの
さぞやふくろうの銀の目は
青く光ってこわかろう
東が白んで夜があけて
おてんとさまがでたならば
たくさん豆をまいてやろう
ねんねんころりよ　おころりよ

福岡県

戦い抜いた人生の中から生まれた子守唄
［北原白秋　ゆりかごの歌］

童謡の父、北原白秋は明治十八（一八八五）年にここ福岡県柳川市に生まれました（昭和十七・一九四二年没）。柳川の北原白秋生家・記念館を訪ねたのは平成二十六（二〇一四）年の春盛りの頃でした。

掘割が縦横に流れ、白壁が続き、観光客で賑わう華やかさが漂う街です。生家に隣接した記念館は、軒の低い玄関の先に、畳の小部屋があり、目の前に等身大の白秋の写真が出迎えてくれます。当時としては大きな頑丈な男性のようです。

白秋の波乱な人生をふと思いました。幼少期の大病、乳母との情愛、生家の倒産、隣家の夫人との関係から姦通罪で逮捕、やっと結婚したものの離婚、二度目の結婚は文学者同士で破綻、その後妻は狂死、三度目でやっと人並みの結婚にたどり着きました。壮絶というより、次々に見舞われる人生の荒波によくまあ、持ちこたえたものだと、呆然としてしまいます。相当強靭な精神の持ち主でなければ生きられないとさえ、思います。

大正七（一九一八）年、「赤い鳥」という子どもに純真な文学をと発刊された雑誌は、童謡運動として広がり、その提唱者の一人として活躍するものの、主宰者・鈴木三重吉とは絶交してしまいます。戦後は戦争を賛美したと批判され、老いては病気、失明……と驚くほどの人生行路が続きます。

しかし、油やという酒問屋のトンカジョン（長男、大きな坊ちゃん）として生まれた矜持と、幼少期に触れた伴天連文化は、白秋の詩の中に色濃く残っていて、モダンな情感を日本中の人に授けてくれたようです。幼児期の文化環境は最盛期の家の繁栄が支えてくれたばかりか、一族は詩を書いたり絵に親しむ白秋を応援してくれたのです。

長崎の旅にもよく出かけたと言います。どんなに苦労しても、白秋にはどこかモダンな明るさがついてくるのは幼児期、少年期、青年期の豊富な体験がものを言っているのではないでしょうか。

童謡は白秋なくては成立しないとさえ言われています。柳川に来てわかったのは白秋の故郷への思いの深さでしょうか。白秋はやわな色白の文学青年のイメージとはほど遠く、人生を戦い抜いてきたたくましさを感じました。

とりわけ、晩年に偉くなって初めて帰郷するときは、華々しく飛行機で凱旋して皆を驚かせました。本当はスキャンダルや流言蜚語で、どんな扱いをされるか、心配していたともあります。

虚をつく所業に唖然としたと報道されています。故郷は子宮、その温かさに迎えられたとき、白秋は「童心」のままに生きてきた自分に初めて安堵したのかもしれません。

故郷やそのかの子ら
皆老いて遠きに
何ぞ寄る童ごころ

柳川は白秋の母体だったのでしょう。白秋は押しも押される「日本の詩人」になっていたのです。落ち着いた家庭を得た白秋は二人の子どもを授かりました。よく手をつないで散歩していたそうです。白秋はきっと子どもの頃の柳川の風景や人の香りを子どもたちに伝えたかったのではないでしょうか。白秋は「子守唄」という言葉を使わずに「ゆりかごの歌」として日本の現代の子守唄を遺して逝ってしまいました。

カナリア、枇杷の実、木ねずみ、黄色い月

まるで絵がスライドしていくような子守唄は、今までの子守唄の陰湿な部分はまったくそぎ取られています。昭和、平成、そしてこの先も子守唄の金字塔として輝き続けるはずです。

◉ゆりかごの歌

揺籃（ゆりかご）のうたを　カナリヤが歌うよ
ねんねこ　ねんねこ　ねんねこよ

揺籃のうえに　枇杷の実が揺れるよ
ねんねこ　ねんねこ　ねんねこよ

揺籃のつなを　木ねずみが揺するよ
ねんねこ　ねんねこ　ねんねこよ

揺籃のゆめに　黄色い月がかかるよ
ねんねこ　ねんねこ　ねんねこよ

熊本県

子守奉公のつらい現実と望郷の思い
〔五木の子守唄〕

子守唄といえば「五木の子守唄」が筆頭にあがります。しかし、多くの人は歌詞の意味も時代背景も知らずに歌っているのではないでしょうか。

九州熊本県球磨郡五木村は江戸時代から、子守奉公に同県最南部の人吉や近郊の都市に娘を輩出することで有名でした。女の子の体が大きくなると名子と呼ばれる地主たちによって奉公に出ることが決められます。貧しさからの口減らし、中には七歳という幼い娘たちもいました。今では、児童虐待に問われそうな状況の中で、彼女たちはいわば盆までのお勤めとだまされて奉公に行くのですからつらいのは当然です。背中に子を負ぶい、そればかりか、買い物、洗濯などの家事手伝いもさせられるのです。

無賃金（親には事前にわずかな金銭が渡されています）で、着物、下駄は盆と暮れに支給されました。休日なし、食事は腸汁（獣の内臓を煮て塩や醤油をたらしたもの）という過酷な環境での子守奉公は初潮がくるまで続くのです。遊びたい盛り、まだ親に甘えていたい年齢で働かされる少女たちは、その発散のために、唄を作り歌うことで気を紛らわせていたのでしょう。

歌詞は自分たちの即興で作りました。奉公の始まり、食べ物、親や兄弟、雇い主のこと、子守娘同士の友情と、具体的な生活が素材になっています。社会経験の始まりが子守奉公から始まるのですから、それ以外の境遇が出てくることがないのは当然といえば当然です。しかし、そうは言っても子どものことですから、悲しいという気持ちを込めて歌ったという記録はありません。仲間同士が集まってわいわい歌っていたのではないでしょうか。けれども内心では断ちきれない親との関係や故郷への思いは消えることはありません。

叙情あふれる旋律に加え、単純な歌詞が「歌いやすい」「覚えやすい」「伝えやすい」の唄の条件を満たしていることが、長い間歌い継がれてきた理由でしょうか。

それよりも、貧しさゆえに運命に翻弄される出発は、幼すぎる娘たちの身を思えば生きていくことへの試練をはるかに超えるほど残酷で過酷です。

時代の貧しさとはいえ、一番小さな労働者としての心の叫びは、忘れるにはあまりにもったいない歴史の一部です。教育も得られないまま、女中や、果ては売春婦までに身を落とすこともあった青春は、痛ましいでは済まされません。日本の歴史の恥部かもしれません。

今になっても歌い継がれることで唄は歴史の証人となっているのです。子守奉公があった時代は、昭和の初期まで続きました。唄がなかったら果たして娘たちは生きていけただろうか、とさえ思います。唄が「訴え」から始まったとすれば、まさに訴え続けて生き抜いた娘たちへの鎮魂としても歌い継ぐべきものに「五木の子守唄」は当たるのではないでしょうか。

私が人吉から車で五木村を訪ねたのは平成十三（二〇〇一）年だったと思います。翌年、新しい村役場ができると聞いた記憶がありますから。

「子別峠」という小さな橋がありました。〈こべっとう〉と読むのだそうです。子守奉公に出る娘たちはここで見送ってきた親と別れ、小さな足で、背に握り飯を背負い、未知の世界に旅立って行きました。名の通り、親と子が別れる最後の場所です。この橋はその後「五木橋」と名を変え、何の変哲もない橋になりました。せめてあの娘たちのためにも子別峠の名は残してあげてほしかったと思いました。

豊かになった現在、「自然の奏でる子守唄の里」として観光名所になっていますが、江戸時代の五木は谷の多い霧に包まれた、自然の厳しさにさらされている「秘境」だったのです。

九州中央山地のその秘境に戦いに敗れた平家の落人（おちうど）がたどり着き、「居ついた」ところから五木という名が付いたという説もあります。また、五木の子守唄の旋律が韓国のものに似ているところから大陸の人たちの隠れ里ではなかったかという説も根強くあります。いずれにしても自然の厳しい、交通の不便な、山間の枯れた土地が五木の子守唄の故里（ふるさと）だったのです。

宝暦明和という江戸中期には名子という地主を中心に小さな集落が形成され、農民は小作人として働き、自給自足の上、狩猟や「ヒエ」「アワ」といった雑穀や山の木の伐採により藩への年貢を上納しました。

農民は貧しさも底をついた生活をしていました。切迫した状況の中で親が娘を「子守奉公」に出したのは、「食べられればそれだけでいい、生きてくれ」という、やむをえない選択だったのです。その親の気持ちを幼い子どもたちは肌で感じたのでしょう。

私が五木を訪ねた頃もその巨大な山の連なりに圧倒されたほどでした。また、私が訪れた頃は五木村を流れる川辺川（かわべ）のダム化が進み、一方では反対運動が盛んで何かざわざわしていた雰囲気も感じました。ダムが完成すれば五木村はダムの底に沈んでしまいます。考えてみれば昭和四十（一九六五）年に国がダム構想を打ち出してからなんと長い歳月が流れたことでしょう。歴史が埋没するのは哀しいことですが、まだ決着はついていないのですから、いつまた巨大ダム開発が再開されるとも予想すらできません。なんとか五木村は残してほしいところです。

◉五木の子守唄（唄は70番まで採譜されています）

①　おどま盆ぎり盆ぎり　盆から先ゃおらんど　盆が早よくりゃ　早よもどる
（私は盆までの奉公なの盆が早く来て早く故郷へ帰りたいわ）

②　おどまかんじんかんじん　あん人たちゃよか衆　よか衆ゃよか帯　よか着物
（あの人たちよか衆、名主は私達とはちがう、いい着物をきているねえ）

③　つらいもんだよ　他人の飯は　煮えちゃおれども　喉こさぐ
（子守奉公先のご飯は喉を通らない）

④　おどんがうっちん死んだちゅて　誰が泣ゃてくりゅか　裏の松山　蝉が鳴く
（私が死んだら誰が泣いてくれるでしょうか、短い命の蝉ばかりでしょうか）

⑤　蝉じゃござらぬ　妹でござる　妹泣くなよ　気にかかる

⑥　花は何の花　つんつん椿　水は天から　もらい水
（私の命は風雨に散る椿のよう、雨のように神様次第自分ではどうにもなりません）

⑦　半期勤めて　ここさえでたら　あとは野となれ　山となれ
（ここさえ出られたら先はどうなってもいい）

⑧　おどま親なし　七つん年で　人の守り子で　苦労する

（私に親なんかあるものか　人の守でこんなに苦労しているのに）
⑨ 子持ちよいもの　子に名をつけて　添い寝するちゅて　楽寝する
⑩ おどま馬鹿馬鹿　馬鹿んもった子じゃっで　よろしゅたのんもそ　利口（じこ）か人
（わたしは馬鹿ですどうぞ頼みます利口な雇い主さん）
⑪ 向こう山みりゃ　去にとてならぬ　生まれ在所の　親のうち
⑫ おどんがお父つぁんな　山から山へ　里の祭りにゃ　縁がない
⑬ おどんがお父つぁんな　川流しの船頭　さぞや寒（さん）かろう　川風に
⑭ おどまいやいや　泣く子の守りにゃ　泣くというては　憎まるる
⑮ おどまいやいや　この山奥で　鹿のなく声　聞いて暮らす
⑯ ねんねいっぺん言うて　眠らぬ餓鬼は　頭叩いて　尻ねずむ
⑰ 旦那さんたちゃ　茶碗飯食わすが　おどま守り子は　握ん飯
⑱ おれとおまんさんな　姉妹になろや　お前ゃ姉様　わしゃ妹
⑲ おどんがおればこそ　こん村がもむる　おどんが去（い）ったあと　花が咲く
⑳ 情がくっちゅうても　みんぬかかけて　さまの情けは　かゆござる
㉑ わたしゃお前さんは　踏みやろごたる　四月五月の　泥足で
㉒ おどんがお父つぁんな　山から山へ　宮座宮座にゃ　縁がない

㉓ おどんがお父つぁんな　あん山おらす　おらすとおもえば　いごこたる
㉔ 山の谷間で　なく鹿さえも　親が恋しと　いうてござる
㉕ 親は薩摩に　子は島原に　桜花かよ　ちりぢりに
㉖ おどまいやいや　この山奥で　花の都が　みてみたい
㉗ おどまいやいや　泣く子の守りにゃ　絹の小袖に　巻かりゅとも
㉘ 人の守りこは　哀れなもんよ　どこで死んでん　墓もなか
㉙ 姉しゃん子もちやれ　子はおがかろうで　かろうて育てて　後とらしゅ
㉚ こん子憎らし　おどんがだけば　なんせんのに　すぐに泣く
㉛ ねんねして泣く　子にゃ乳のませ　乳をのませて　泣かんよに
㉜ ねんねした子の　可愛さむぞさ　おきて泣く子の　つらにくさ
㉝ ねんねしなされ　朝起きなされ　朝は六時の　鐘がなる
㉞ ねんねしなされ　早起きなされ　朝はお寺の　鐘がなる
㉟ ねんねしなされ　朝起きなされ　朝の目覚ましゃ　茶とタバコ
㊱ ねんねした子にゃ　米んめし食わしょ　黄粉あれにして　砂糖漬けて
㊲ おどまいやいや　泣く子の守りにゃ　泣くというては　つろうござる
㊳ おどまいやいや　泣く子の守りにゃ　守りといわれて　つろござる

㊴ おどまいやいや　泣く子の守りにゃ　泣けばおどんも　泣こごたる
㊵ おどんばおごれば　かるとる子が泣くで　泣けばおどんも　泣こごたる
㊶ 髪をつかんで　ひっぱるよなこどま　旅のやんほしどんに　くれてやろ
㊷ 守りといわれて　腹がたつよでは　守りは守りでも　ゲスの守り
㊸ こん子かわゆし　子の親にくし　出るに出られぬ　身のつらさ
㊹ うちの真婆女が　ぐずぐずゆおば　とうかのとぎで　くわんとやれ
㊺ 山をこえこえ　使いに来たが　芋の一つも　くれはせぬ
㊻ 盆が来たつちゃ　正月どんが来ても　晴れ着一つも　着せはせん
㊼ こん子よう泣く　ヒバリかヒヨか　鳥じゃござらぬ　人の子よ
㊽ おどまいやいや　泣く子の守りにゃ　おどま泣かん子の　守りがよか
㊾ おどまいやいや　いやまのもりで　いやといわれて　だまされる
㊿ 山でこわいのは　イゲばら木ばら　里でこわいのは　守りのくち
51 おどま知っとるばってん　いわんでのこつよ　いえば嫌われ　憎まるる
52 わしがおるじゅは　ほうびゃぁたのむ　わしがでたあていうてたもれ
53 おどま一年奉公　二年ちゅちゃおらん　あてにゃよかとの　気にいっと
54 話しゃやめにして　やすもじゃないか　おごけしまいやれ　寝て話そ

(55) おどんがごたってにゃ　もの言うな名言うな　情かくんな　袖ひくな
(56) 子どん可愛いけりゃ　守りに餅くわせ　守りがこくれば　子もこくる
(57) おどまかんじんかんじん　ぐゎんがら打ってさるく　ちょかで飯(まま)炊ぁて　堂に泊まる
(58) おどまかんじんかんじん　かんじん袋提(さ)げて　あんしゅよか人　かた情け
(59) おどんが歌とたいは　二階から笑ろた　歌じゃ飯ぁくわん　ゴゼじゃなし
(60) おどんがちんかときゃ　やつおのせった　いまじゃほんけなって　つのむすび
(61) おどんがちんかときゃ　鐘うちせきった　いきはほんとなって　つのむすび
(62) おどんがうっちんずろば　道ばちゃいけろ　通る人ごて　花あぐる
(63) おどんが若いときゃ　芳野に通た　木かやも　なびかせた
(64) 思い気りゃんせ　木にのぼりゃんせ　こけて死なんせ　わしゃ見とる
(65) おどんがこん村に　一年とおれば　丸木柱に　角がたつ
(66) 丸木柱に　角がたつよりも　早くいとまが　でればよい
(67) 花が咲いても　ろくな花ささん　手足かかじる　イゲの花
(68) とととかかとは　だきよて寝やる　おどまちんかいども　ひとり寝る
(69) 森の雀も　別れを告げて　里から出ていく　わしゃひとり
(70) あすは山越え　どこまで行こか　なくは裏山　蝉ばかり

震源地に残る地元研究者の成果【益城郡の子守唄】

平成二十八（二〇一六）年四月十四日に起きた熊本地震で震度6・5の強震に襲われた熊本県益城郡益城町。次いで十六日はさらに大きな震度7に達した地震が起き、これもまた益城町が震源でした。熊本県の中央に位置する場所で、被災状況が何度となく報道され、どこかで見た地名だとはっと気づきました。私はすぐ書斎に駆け込み「熊本」の資料箱をあさり、すぐ見つけることができました。日本子守唄協会には多くの方が資料を提供してくださったり、取材や聞き取り調査をした成果を送ってくださったりします。松岡忠明さんもそのお一人でした。益城郡矢部町（現・山都町）にお住まいでいつも丁寧なお手紙と子守唄の情報を詳しく何枚もの便箋に書き送ってくださっていたのです。大きな茶封筒の中には多量の資料が眠っていて、日付を見ましたら「08・10・23」とあります。なんと平成八（一九九六）年十月にいただいていたのですが、急に身近に感じて身震いしました。

益城町にあった子守唄の聞き取りの様子が丁寧に綴られています。かつては交易の場として、また宿場町として栄えた地域は、畑作地も多く広がっていたそうですが、蘇陽町、清和村(せいわそん)、矢部町の合併により、今では熊本市のベットタウンの役割を果たしているそうです。

松岡さんのお手紙には「当地方の子守唄の存在はほとんど否定されました」とあり、子どもをあやし寝かせるときの独特な歌い方や歌詞は聞けませんでしたとか、がっかりした様子がありありと見えました。四年ほど前でしょうか。あきらめず足を延ばした矢部町の隣の椎葉村(しいばそん)向山で松岡さんは子守唄を見つけました。益城全域では歌われていなかったものかもしれません。

取材に応じてくださった椎葉クニ子さんは当時八十四歳、母親が歌うのを「見馴れ聞き馴れ」して覚えていたそうです。まだ秘境に近いところであった時代に子どもであったクニ子さんは実生活のままの自分の家の子守唄を聞いていたのではないでしょうか。子守唄は母親の数だけあるのです。

この子の父ちゃん　どけいーたー
今日からくま（球磨）に　こーじ（麹）とりー
こーじのにゃち（う）て　馬　こうた
馬どけ　つにゃあだ

三本松のー　木の下　よいよいよいやー

(訳)

この子のお父さんはどこへ行ったのかしら。

今日から球磨に麹の仕入れに行った（どぶろくをつるための酒麹のこと）。

麹がないというので馬を買ってきた。

馬はどこに繋いだのか。

三本松の木の下に繋いだよ。

まさか麹を買うお金で馬が買えるわけもなく、男の見栄にしては嘘も大嘘。唄だからなんでも言える、きつい山道にはきっと馬がほしかったに違いないと、松岡さんは子守唄を解釈しています。

ところで益城郡には本当に子守唄はないのでしょうか。どぶろくつくりをヒントに探してみたら、ちゃんとありました。

歴史の中にそっと眠っている地域の子守唄を地震が浮き彫りにしてくれたのです。しかし、地震の爪痕は深く、松岡さんの消息は今も知れません。土地に眠る文化もてんでんに散ってしまうとしたら悲しいことです。益城の復興を祈るばかりです。

◉上益城郡嘉島(かしま)町の子守唄

ねんねしなされ
ねんねしなされ　まだ夜は明けぬ
明けりゃお寺の　鐘が鳴る

ねんねした子の　かわいさむぞさ
おきて泣く子の　つらにくさ

ねんねこねんねこ　ねんねこよ
ねんねこかっちり　お亀の子
お亀は盗人が　おっとった

ねんねしなされ　朝おきなされ
朝の寝おきにゃ　団子(だご)饅頭
団子か饅頭か　おこし（蒸した米や栗）の米か
一夜づくりの　甘酒か

現代のラップに通じる「唄喧嘩」
〔宇目の子守唄〕

神奈川県川崎市の駅前で少年たちが集まって毎週ラップをしている、というニュースがテレビで流れました。

登校拒否や悩みを抱えた少年たちが、思い思いに音楽に乗せて、即興の唄を歌い踊る。音楽には悩みも悲しみも苦しみも、悪口暴言も、日頃のもやもやを訴え吹き飛ばす力があるのです。

やり場のない少年たちの心は実は深刻です。喧嘩も陰湿ないじめに発展し、犬も食わないはずの夫婦喧嘩がＤＶや殺人の引き金になる時代。個人情報が、人権がと騒いでいるうち、喧嘩という少年たちの特権も死語と化してしまっているのですから。ラップという方法で心の吐露ができ、ストレスが発散できる選択をしたのは素晴らしいことだと私は思います。

大分県佐伯市宇目(うめ)に「歌喧嘩」の子守唄があります。

喧嘩という言葉が懐かしく聞かれる現代、その喧嘩を唄で競いあうというものです。

子守奉公に出された子どもたちは、ひょっとするとこのラップの方法で心の安定をはかり、憂さ晴らしをしていたのではないでしょうか。奉公のつらさを同じに共有する環境の子どもたちは思い思いの言葉を唄に乗せて、遊びの感覚で時を一緒に過ごしていたのでしょう。お互いが言いたいことを言える相手だからこそ、思いついたことなのでしょうが、子守娘たちの発想と創造力に驚かされます。

ここでは喧嘩とあるくらいですから、勝ち負けがつきものです。言葉につまったら負けというルールができ、日常の些細なことや観察したこと以外に、相手をやり負かす悪口や鋭い批判も飛び出しました。もちろん本気で喧嘩したり対立するわけではなく、あくまでも「遊び」です。子どもを背負い、一日を過酷な労働に身をおく娘たちが、独自に考え出した究極の遊びといえるかもしれません。喧嘩どころか心の交流、仲間意識の子守唄かもしれないのです。

最初は二人で始めますが、そのうち二手に分かれたり、上手な子の対決となったりと、ユニークな方法を次々考えるのは、遊びの得意な子どものせいだからでしょう。

この唄が盛んに歌われたのは江戸中期。宇目村の奥地の山中、木浦(きうら)金山や鉱山のあったあたりです。鹿、熊、猪が名産という土地で、子守娘たちの食事はこれらの獣の内臓を煮たものだったといいます。「腸汁」といわれ、旨(うま)さなど問えるものではありませんが、これが皮肉なことに貴重な蛋白源になっていたのです。

「鉱山景気」でにぎわい、料理屋や女郎屋さんも多く、子守の需要も多いところから、子守仲間が自然に集まり、飽きることなく語らい、最後はお互いのつらく哀しい心を励まし合って帰っていく。どこかテレビの映像の川崎駅前のラップ劇場に似ています。少年たちも言いたいことを歌いながら、同じ哀しみやつらさを共有しあい、同じ仲間として励まされているように思えてなりません。

どんな時代でも人は哀しいのですが、宇目の歌喧嘩がラップとなって帰ってきたように思えてなりません。人のたくましさが子守唄にはあるのです。人と人の言葉の応酬もまた子守唄の一つです。

◉宇目の子守唄

あん子　面(つら)みよ　日は猿まなこ　ヨイヨイ
口はわに口　えんま顔　アヨーイヨーイヨー

おまえよい子じゃ　ぼたもち顔じゃ
黄粉(きなこ)つけたら　なおよかろ

いらん世話やく　他人の外道
やいちよければ　親がやく

いらん世話でも　ときどきやかにゃ
親のやかれん　世話もある

面憎い子は　田んぼにけこめ
上がるそばから　又けこめ

おまいどっからきた　お色が黒い
白い黒いは　うまれつき

かわいかわいと　いうたはうそか

何がかほいか　のきゃ他人

子守するより　非人(ひにん)がましよ
今朝もわた汁　二度食べた

旅のものぢゃと　かわいがっちおくれ
かわいがられりゃ　親とみる

可愛がられち　また憎まれりゃ
可愛がられた　甲斐がない

神話の国の天使たち【南国宮崎の子守唄】

フェニックスが空まで伸び、宮崎は空港から南国の香りがします。遠い昔の神話の故郷、透き通る風が吹きわたり、道々に祠（ほこら）や伝説が残されている場所がいくつもあり、到底一日では見きれません。

天照大神は太陽の神様、その孫のニニギノミコトが降臨して誕生したとされる宮崎、日向灘に降り注ぐ太陽の下で育つ子どもたちはまず、性悪にはならないでしょう。

まじめ、やさしい、働き者、親切と、良いとこだらけの大人に成長するようです。

そのせいでしょうか、宮崎の男性は争いごとが大嫌い、面倒なことも大嫌いと、見る限りに男性的とはいえないような一面を持ちます。でも父親としてなら大歓迎。やさしさも穏やかさも慈愛の賜物なら子どもにとっては天国です。

そんな男性のことを「よだきい」と呼ぶ方言があるそうです。面倒くさがり屋、といった意味でしょうか。神経質ではないようです。

「子ば育てるによだきよだき　すっと余計によだきだど」

面倒くさいと思うと余計に面倒くさくなる、ということでしょうか、愚にもつかない女性の愚痴のようにも聞こえます。ぱしっと怖いイメージとは確かにほど遠いようです。

こうした面倒くさがり屋――「よだきい」の男性に対して、女性は「日向かぼちゃ」。小さく黒い見かけの悪いかぼちゃにたとえられ、でも、見かけは悪いが味は濃くてうまいよと、けなしているようでいて実は褒めているみたいなのです。

「よだきい」と「日向かぼちゃ」の両親が歌う子守唄は寝たら何かをあげましょう、という典型的なご褒美子守唄です。

「寝たら」というのは子守唄の定番ですが、それほど子育ては寝かせるのが一苦労だということです。寝ている間に脳の活性や身体の成長を促していくのですから、子どもにとって寝るのは仕事の一つなのです。

子守唄ばかり歌っていてもなかなか泣きやまないのが赤ん坊です。親があせれば子どもはますます寝つくことはできません。まずは両手をすりあわせ、熱を持った手でそっと赤ちゃんの背中をなでてあげてみてください。手でも足でもかまいません。自家製温熱療法で温かさが伝わると、トロリトロリくるのは大人だけとは限らないのです。

今は科学的に胎児の形にしてあげれば安心して眠る、など様々に工夫がされていますが、赤ちゃんは泣くのと寝るのが仕事という昔の人の赤子への真理は変わらないように思います。

宮崎でもお母さんがミラクルパワーを発揮している間、お父さんはやはり焼酎を飲んでいるのでしょうか。

ここは神話の国、宮崎です。どこまでも男神と女神の共同作業で、子どもを創造していただきたいです。焼酎もほどほどにして。

◉日向小唄

おらが高千穂　ここから射した
日本夜明けの日のひかり
さても　日の光　日の光
雪が降るのに　桜がみえる
あれはお国か　日向灘

◉宮崎県の子守唄

ホーラホーラ　ホーラヨ
ぼんがえんお父っちゃんな
どこん行きやった
おかん先　焼酎飲んけ
焼酎飲んで　酔(い)くろうで
正月どんの　べんじょを　汚(よご)らけて
むらざけ川で　洗やったどん
干すとこがなくて　草っ原へ
干しちょきやったら　のっがいって
ひん燃えっしもっ　ちょっしもた
ホーラホーラ　ホーラヨ

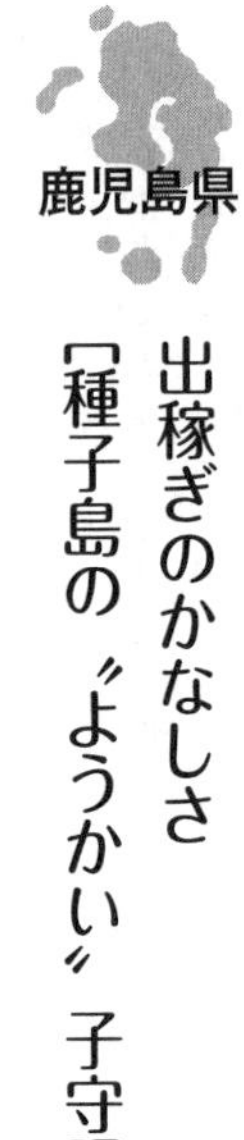

出稼ぎのかなしさ【種子島の〝ようかい〟子守唄】

「ようかい」とは妖怪のことではありません。

よしよしといった子どもをあやす意味から、よいよい、かわいかわいいと「嬰児（みどりご）」全体に含まれる、すべての愛称の言葉のようです。

子が眠りについたほっとする瞬間、さて、出稼ぎに行った私の主人は今頃？　といった不安や心配、寂しさからくる邪推などが妻の心によぎります。

種子島は九州鹿児島県に属する離島。種子島といえば「鉄砲」というイメージがありますが、天文十二（一五四三）年に漂流してきた南蛮船に乗っていたポルトガル人によって伝達されたということです（一五四二年説など諸説あります）。

今では宇宙センターとして知られていますが、昔から新しいものを受け入れる気質がはぐくまれているようです。異文化に抵抗がないのかもしれません。

◉ようかい　ようかい

ようかいようかい　ようかいな
よっと　この子が　寝たならば
息をほしと　しようものば
ようかいようかい　ようかいな
御前(おぜ)が父(て)っちゃは　どけいった

あれは尾久島　鎌売りに
鎌は売れぬか　まだじゃろか
二年たっても　まだ在(わ)せぬ
三年たっても　まだ在せぬ
三年三月(みつき)に　状がきた

おかねがお父(とと)さま　どこ行ったね
金がほしさに金山に

一年待てどもまだみえぬ
三年三月に　状がきた
状の上書き　読うだれば
おかねに来いとの状がきた

おかねやることたやすけれど
着せてやるもの　なになにぞ
下にゃ白無垢　なか小袖
上にゃお一期のおかたびら
これほど仕立ててやるならば

あとに帰ると思やるな
父さん恋しと思やるな
先にゃ蓮華の花が散る
母さん恋しと後見れば
あとにゃ時雨の雨がふる

あららん　こららん　子が泣くね
泣かせちゃならるまい　乳くわえ
乳房くわえて　なくなれば
布団かぶせてたたき寝しょ
ようかいようかい　ようかいな

出稼ぎは金山に行くのと鎌売りに行くというのが両方あったのでしょう。「三年三月」と区切りがあるのは、三年という出稼ぎ期限が日本の各地に決め事のように広まっていたからのようです。それでも帰ってこない夫、いや、手紙が来て「来い」と言ってきた、というのも本当かどうかわかりません。むしろ、そんな便りを心待ちにしていたのではないでしょうか。そう言われても着ていく着物もないという現実に打ちのめされます。煩悶（はんもん）の気持ちが自分の中で交差しているというのがこの子守唄の裏に隠されているように思います。

種子島に「ようかい　ようかい」と子守唄が流れていたのは、さていつ頃まででしょう。今は「民謡」の部類に入ってしまっているようですが、どんな形でも残ることに意味があるはずです。

月はお母さん
〔母性賛歌の子守唄〕

◉つきぬかいしゃ

月ぬ美しゃ　十日三日
（月がもっとも美しい十三夜――まだ満ちていない頃）
女童美しゃ　十七ツ
（乙女がもっとも美しい十七歳――まだ成熟していない頃）
ほーいちょーが

あがりからあがりょる　うふつきぬゆ
東から上がりょる　大月ぬ夜
（東から上る満月の夜）
うちなん　やいまん　てぃらしょうり

沖縄ん八重山ん　照ぃらしょうり
(沖縄を八重山を　照らしてください)
ほーいちょーが

日本の最南端に位置する沖縄は一年をとおして暖かな土地です。青い空、紺碧の海、緑の山、何度か行きましたが、行くたびに魅力的な土地と実感します。

長い間、アメリカの統治下にありましたが、琉球王朝の流れは舞踊や歌に今も確実に受け継がれています。古典音楽、古謡、民謡、絢爛(けんらん)な色彩を帯びた文化は、沖縄では方言のまま歌われています。やっぱり「大和んちゅ」の私には唄の歌詞は今もってさっぱりわかりません。

沖縄久高(くだか)島というところに「イザイホゥ」というお祭りがありました。女性の儀式とされ丑(うし)年の十二月に行われました。島に住む三十代から七十代までの女性が参加した巫女認定式でした。昭和五十三（一九七八）年をもって廃止になり、もはやまぼろしの中に消えてしまったお祭りです。むしろ儀式といった色合いが濃かったもので、巫女を認定するという神事がメインです。女性しか参加できません。

この祭りは、子どもを育てる上で信頼のおける血を持つ女性に、絶対的権力を与えるという目的で女性たちが考えだしました。争いをなくし、神の御託宣をうけて、村や一族を守護する巫女が家々にいるという仕組みが、共同体を支えていたのでしょう。オモロ（神への祈りや讃歌）には子守唄が盛り込まれていました。

沖縄では子守という奉公制度はありません。もう一人のお母さん、後見人という重要な役目を「子守」と呼んで生涯の親とする独自の仕組みがあります。この地での子育てでは、ハブ以外は恐い物なしです。夜になれば月は浜辺を照らし、蛇味線をかきならし泡盛を飲みつつ踊りと唄に明け暮れます。月は沖縄の神として毎日浜辺にやってきて寝ている子に祝福を与えるとずっとずっと昔から信じられているのです。

寝かされた子どもは、この沖縄の音楽を身体で覚え、波の音を子守唄として眠ることになります。月は母親、月を讃美し、その月への願いを唄って、気持ちのままに即興で歌い伝承されていくのが子守唄です。

月の美しいのを娘にたとえ、「十三夜」は無垢さと清純さを象徴しているようです。月の美しさは女性の美しさと同じ、満月は円熟最盛期、女性でいえば脂ののった中年期とでも言いましょうか。全国のわらべ唄にも「月」は定番で、様々なことを月に託して歌っています。娘ならこの美しい月のように育ってほしいという神への願いを、月に届けとばかり海辺で歌うのです。

ぎらぎらの太陽ではなく、静かな落ち着いた女性にやさしさを感じていたのでしょう。自然の中の自然を相手にしての子育てが沖縄なのです。

何しろ、歌っていないと落ち着かないという沖縄の人たちは、夜ともなれば月を見て、どこにいても蛇味線と唄を欠かすことなく暮らしているようです。

沖縄県

日本の離島で歌われた［魂宝歌（こもりうた）］

与那国島（よなぐに）は沖縄本島から五百九キロメートル、台湾からは百十一キロメートルに位置します。

飛行機が飛ぶまではまったくの絶海の離島、孤島なるがためすべては自給自足という生活でした。時に物々交換の場所が海であり、台湾との交流は海を仲立ちにして行われていました。海岸はすぐに外洋に接していたおかげです。

台風、季節風による潮害で農作物の被害は多く、そのうえ与那国の地質が石灰岩土壌とあって、耕地より森林、牧場、原野などが多かったそうです。

「祖父は明治の中頃の生まれで、朝は芋と味噌汁、昼は朝の残り物と味噌汁、生野菜と漬物くらい。夜はタニシのお汁とカタツムリの塩煮つけと海藻。それで午前五時半から午後八時まで働いていたそうです。畑には監視人がいて、時間を守らないと処罰されたそうです」と与那国島で民宿を営む田場さん。

「それは人頭税のあった時代の話で、明治三十六（一九〇三）年には廃止され、厳しいしきたりの時代は終わりました」

「人頭税？」

「まったくの悪法です。薩摩藩支配下の琉球王国は男女、生活水準、身障者にかかわらず十五歳から五十歳までの全員に税を課せられました。男は穀物を、女は織物など手工芸品の納税義務があったのです。それは病人や妊婦であったとしてもです。琉球王国は高額の税金を支払えなくなって、離島や僻地で暮らす人たちに身分保証をすることで肩代わりさせたのです」

その時代から時は流れ、東京から石垣島を経由してあっという間に訪れることができるようになった与那国島。空港を降り立つと青い空と舗装された道路に与那国馬が気持ち良さそうに闊歩していました。

一回り小ぶりな馬は空港から街までの至るところで見ることができます。

最初に訪れたのは与那国島の西の端にある「久部良（くぶら）バリ」でした。ここは人頭税の時代、人口制限を強いられた村が妊婦を集めて、幅約三・五メートルの岩の割れ目を跳ばした場所です。丈夫な妊婦は必死で跳び越えましたが、多くは岩間に落ちて転落死したとされています。

なんと過酷で悲惨なことか。一帯はきれいな緑に覆われているものの、岩と岩の間は大きな口を開けていて、岩間の底は今にも吸い込まれそうな漆黒の闇に包まれていました。大きなお腹を抱えて高跳びなどはできようもないという気がしました。もう一つの命を宿した母親が二つの生を終わらせるのです。人々はなぜ抗いきれなかったのでしょうか。三十六年間も続いた人頭税は、どれほどの命をのみ込んでいったのか……。青い空に恥ずべき残酷な行為をしてきたのです。

さて、目的は日本の果ての子守唄の採譜。気を取り直して役場を中心に図書館、本屋をあたりましたが、民謡はあっても子守唄がない。出会った古老が助けてくれました。

「あ、魂宝歌のことでは」

なんといい調べだろうか。ここでは子守唄の意味そのままに呼ばれているのだろうか。

ここ与那国では昔から産気づくと分娩室をつくります。

子どもが生まれると七五三縄をつくり、女の子か男の子かを知らせ、産後の家には入らないようにします。。

十日経ったら十日祝い、つまり名付け祝いがあり、白米と赤飯、それに長命草の味噌和えなどでご馳走します。

それから庭に出て赤ちゃんを抱いて太陽を拝み、庭を三回まわって道親（みちおや）（後見人）を探し、赤ちゃんを渡します。道親は親として生涯の付き合いをするのです。

それで、子守唄は……？

◉地踊（でぃぶでぃ）

一　いきゃり　きゃりわらび　はたちうてなゆん　ハイヨー
　ちぐんどうになりばヨー　ぶだがあんち　ヨーンナー
二　きゆぬふくらしやや　なうにじやな　たてぃる　ハイヨー
　ちぶでぃうるはなぬヨー　ちゆちゃたぐとぅ　ヨーンナー
三　どぅなんぬ　しゅぬうかぎんよー　はらぬしゅぬ　みよぶぎんよ
　ちぐんどうになりばヨー　ぶだがあんち　ヨーンナー

（訳）

一　がんばろよ　がんばれ　今の中だ若者よ　二十歳になったのね　ハイヨー
　四、五十歳にもなり　年寄っても楽になれるんだ　ヨーンナー

二　今日の誇らしさは　表現できなく　本当にたとえようがなく　ハイヨー
しぼんだ花が露受けて　再花した心地だ　ヨーンナー

三　与那国主のお陰様に　地方の主方々のお恵みに　ハイヨー
踊り遊びましょう　ハイヨー　楽しく遊んで戻りましょう　ヨーンナー

◉永良部子守唄

一　泣くなくな童(わらび)
誰(た)が泣きで言ちよ
泣かなしゅてふどいる
花の童

二　寝(に)ぶりようんで　いちゃる
誰が泣きでいちよ
我(わ)がむらば寝ぶりよう
そういら童

三　いゃーがいかな　泣ちゃんてい

いった親(うや)ぬ　ちきゅんな
わーがる親なとて
かなしむゆる

四　石ぬ上(うい)に土(みちゃ)ういて
土ぬ上に花ういて
うりが花咲かば
いやに呉(くぃ)らや

五　子(くゎ)むいするあわり
夜ひるんむぬうみ
むぬうーみーわしらば
祝(うゆ)えさびら

六　親と子ぬ仲ぬ
深さあしみりば
親をらん我身(わみ)や
泣きどしゅる

（解説）

「泣く子は育つとはいうものの、そう泣いてくれるな。眠いから泣くのか、ヨシヨシ寝かせてあげよう。おまえがいくら泣いたとて、おとうもおかあも野良仕事じゃ聞こえない。私を親と思って、さあおやすみ。おまえがいい子でいるならば石の上に土を置き、土の上に花を植えて、花が咲いたらおまえにあげよう」

そう守姉が語ると子どもはようやく寝入った。

そこで彼女は独り言。

「子守のつらさは昼夜のさかいがない。風邪じゃなかろうか、熱が出たのではと心配がたえない。その心配をしないで済むほどに、この子が大きくなったらお祝いをしよう」

日本全国至るところにある子守唄。いや世界の子守唄の内容はすべて同じである。こんな愛のこもった歌で育った子はさぞ健やかであろう。いつの世も忘れてはならないのが子守唄である。

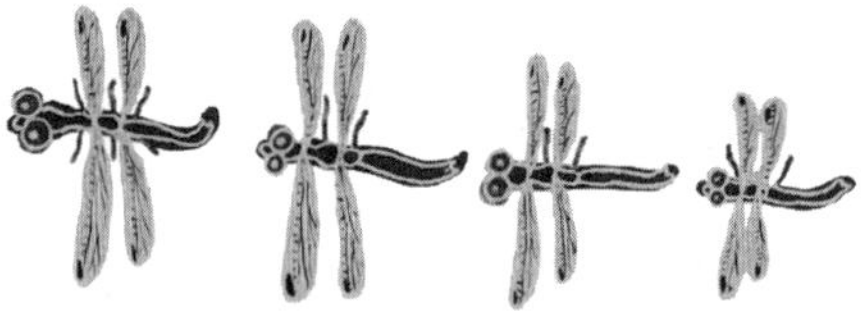

第六譜

「ねんねんころり」の源流から知っておきたい数々の子守唄

日本中に普及している全国バージョンの子守唄
笑いの原点［猫のけつ］

私の子守唄の取材の旅が始まったのは平成二十八（二〇一六）年の頃でした。虐待取材で子守唄にヒントを得た私は亡くなった詩人の松永伍一さん、子守唄研究の第一人者に真っ先に教えを乞いに行きました。

そのとき、「十個の子守唄を日本中から探してきてください」という宿題が出されました。

最初の訪問の折、先生の書斎にはたくさんのローマングラスが飾られていて、それが午後の陽にキラキラ輝いていたのを覚えています。そのときはそのグラスのように何か美しい宝物を見つけるような気分で、子守唄もきっとそんな美しいものに違いないと夢心地でしたが、それは大間違い。宝物の子守唄は探そうと思ってもなかなか姿を見せてくれませんでした。

様々な試みをしましたが、子守唄を知っているといえば大抵はお年寄りで、実際に訪ねてみると秘境に近い場所だったり、認知症や亡くなっていたりして、本当に苦労しました。

てっとり早く母から聞こうと考えたのですが、

「えぇ、あんたに子守唄なんて歌ったかしら？」

けんもほろろ、まるで子守唄など歌うほどお前は良い子でなかったよ、と言わんばかりです。

「そうそう、そういえば」と言って歌ったのが、この唄です。

ねんねん猫のけつに　蟹が入り込んだ
やっとこすっとこほじくりだしたら　またはいったよ

ねんねん猫のけつに　蟻が入り込んだよ
蟻だとおもったら　毛虫だったよ

なんだか、やけのやんぱちといった素っ気ない歌い方で、あげく「ガ、ハ、ハ」で締めくくられました。

まさか、夢も希望もないこんな子守唄を聞いて私は育ったのだろうか。これでは、身も蓋もない、さて、松永先生に持っていける子守唄なのだろうか。

母はすでに古老、いかにも気持ちよさそうに歌っていましたが、私を見たとたんの「ガハハ」は気になります。

ところがどっこい、この「猫のけつ」バージョンは全国至るところにある正真正銘の子守唄だったのです。

猫のけつを借りて何かが入り込む、入るものはなんでもいい、目の前にあるもの、思ったものが猫のけつに侵入する。蟹や蟻どころか、豆でも火やカラスまでが登場し、

やっとこすっとこ引きずり出したら　また入り込んだ
いたかろ　いたかろ　とってやろか
おかちゃんとってくれ　おとっちゃん早くとってくれ

あげくに蟹も蟻も一匹ではなく二匹であったり百匹であったりと奇想天外に展開していくという、品は悪いがあっけらかんとした子守唄なのです。

のちに松永伍一先生はこの唄をこんな風に解説してくれました。

「『俚謡(りよう)』的な子守唄の典型。『俚謡』とはどちらかといえば都会的ではなく『里唄』です。里唄は、その地方で独特に庶民が歌っていたというものらしいのですが、浅草なども昔は

田圃でしたから、この唄の発祥の頃は田舎であったことと思われます。

確かに品性はないかもしれませんが、面白おかしく庶民が伝えてきたもので気軽に楽しく口端に乗せられます。子どもは母の背に負ぶられていましたから、母の手が自然に赤ちゃんの尻に添えられ、そこを猫の尻に見立てて赤子を笑わせていたのかもしれませんよ……」

お母さん自身が育児の中で笑うという作用を欲していたのではないでしょうか。

私の母もまた祖母との不仲の暮らしの中で、この唄に救いを求め、私を楯にして自分の心を静めていたのかもしれないと、ふと亡き母の心に思いが至りました。

「子守唄は女の深淵にあるもの」

先生のこの言葉を今もかみしめています。

育児は決して楽なものではありません。

何しろ子どもの性格を育成するものですし、この小さな人間の原点にはあらゆる歴史と血脈の混合をもって生まれてくる幼子と対峙するのですから、体力、気力、知恵がなくてはすぐにストレスになってしまうでしょう。

家が大家族であった時代は、嫁は、舅姑、小姑、親戚の中にあってそれは気苦労が絶えなかったはずです。子を持ってやっと一族の中に迎え入れられるなど当たり前のことだったのです。

少しの笑いが救いとなって母親としての余裕も出てくるのは背にした子どもの笑いと共鳴するものがあったのかもしれません。

唄に託して危険を知らせる
〔謎解き子守唄〕の知恵

「隣家人(りんかじん)」

中国料理屋の屋号ではありません。れっきとした子守唄です。石川、山口、福岡、島根、新潟、宮城、岩手、大分、和歌山、鹿児島に、果ては長崎平戸まで日本中に普及し、広まっています。

子守唄は人についていきますから、どこに流れ着き、歌い継がれ、定着するか皆目見当もつきません。ただ、この唄は文語体で歌われているところから、江戸時代以前にできたものだと考えられています。坊さんと子守の物語が共通し、土地によって少しずつ違いますが、「子守には賢い子をやとうべし」という教訓が託されているようです。

ねんねんころりよ　おころりよ
隣家人と我家人(がかじん)と
談(だん)するところを　聞(もん)すると

旅僧(りょそう)殺(せっ)すと
言(ごん)すなり
山に山を　重ぬべし
草に上の草をとり
ねんねん　ねんころりよ　ねんころり

昔、ある家に雇われていた子守が夜な夜なその家の主人（我家人）が隣の親父（隣家人）と組んで泥棒をするのを知ってしまった。

金持ちの旅人を殺し、金を奪うという恐ろしい所業。ある日、金持ちらしい坊さんが一夜の宿を乞うてきた。それを知った子守は何とか坊さんを助けたいと思い、背中の子をあやして歌う子守唄で知らせようと頓智(とんち)を働かせた。繰り返し歌う唄で賢い坊さんは気づいた。

「隣の人と家の人が相談しているのを聞きましたら、坊さんあなたを殺すと相談しています。山に山を重ね〈出〉、草に草冠をとって〈早く〉お逃げなさい」

これを聞いた坊さんはよほど学問のある人だったと見え、すぐに意味を察して逃げたため命が助かりました。

賢さが人を救うという物語がこの子守唄の裏面史です。

子守が賢いというだけではなく、子守がその家の老婆だったり、女房などとして登場し、いずれも「賢さ」を発揮して唄を歌って旅人を助けるというのです。

早く早く〈早々に〉、日の下に十を書いて〈早く〉、盾にしんにゅう〈遁走〉といった暗号めいたものもあり、いずれも早く逃げるがこの子守唄のミソなのですが、こんな唄が歌い継がれているのはなぜでしょう。

意味がわからないから面白いということもありますが、旅僧が襲われるのはなぜ？　はては旅の僧はじつはスパイ説や布教僧の弾圧の物語では？　と勝手に想像は膨らんでいき、謎は深まるばかりです。

今でも岩手県若柳（わかやなぎ）では子どもの誕生を祝って家族全員でこの唄を歌うという風習を守っている家があるそうです。これはＮＨＫが子守唄の取材に行って実際に歌っている映像を撮っていますから事実です。

しかし、文語体など日常的には使わなくなってしまった現代人にとっては字を知らなければとんだ目に遭うという方が教訓めいているのではないでしょうか。教養豊かな坊さんと、子守の機転の利き方が、同格に扱われていることがこの唄の本意なのかもしれません。

〝にっこり笑って従わず〟嫁姑が仲良くいく秘訣

現代では絶対的に姑より嫁の方が強いといわれています。

常に敵対関係にあるとされる嫁姑。時代が変わってもこればかりは今もなんともなりません。

一番顕著(けんちょ)に出てくるのが若夫婦に子どもができたときです。孫はたいてい嫁の実家のほうに行かされてしまいます。

「孫を見せてもらえない」と嘆いている姑がいかに多いか、「息子の方が嫁べったりで、何があっても嫁の実家の方についていってしまう」と私も友達からよく愚痴を聞かされます。

男の方は「自分を生んでくれた母親」と「子どもを生んだ嫁」の双方に頭が上がらないのは当然かもしれません。同居でもしたら、確実にノイローゼになってしまうかもしれません。

小声でか、相手がいないときか、嫁も姑も同じように子守唄を通して憂さ晴らしをしています。

かかに似んと　ととに似い
母に似ると　性悪だ
（京都府）

これなどは嫁にあてつけたのもいいところ、性悪な嫁に似ないで可愛い息子に似ておくれ。なんともまあ、勝手な言い分の子守唄です。

嫁と姑は　あざみの花よ
見れば美し　寄れば刺す

うわべは仲良しでも、つい深く付き合おうとなれば、とげがある。嫁姑の本音ものぞかれます。

因習（いんしゅう）の深いところでは家という単位の中だけで生涯を終える人も多かったのでしょう。福井（越前国吉崎御坊）の方には「嫁脅（よめおど）し谷」というのがあって、姑が嫁を脅かしたいと思って鬼の面をかぶって出没していたところ、その面が顔から離れなくなってしまったといった怖い話があります。いったん恨むとますます憎くなる、そんな姑の悪しき心をいさめたのだろうと思いますが、あながち姑ばかりが悪者ではないようにも思います。

嫁が悪いか　姑ばあさん
可愛いわが子に　添う嫁が
嫁と姑は　茶碗と皿よ
当たり障(さわ)りが　傷になる
(三重県)

泣くな泣かすな　坊んの守
おっかあといえど　よその人　よその人
姑　小姑なぜ嫁嫌う
今じゃわが子も人の嫁
(京都府)

姑にこのように歌われては、嫁とても黙っていません。
次の唄では嫁の気持ちが表れています。

ここへ来たときゃ　二十歳で来たが
三十過ぎたら去ね去ねと
去ねというならなん時なりと
お鉄漿はがずして　振袖着せて
元の二十歳にして返せ
(奈良県)

婆ばのところへ　行ったれば
菰掛おろして寄せなんだ
爺のところへ寄ったれば
弓矢鉄砲で寄せなんだ
母のところに行ったれば
さあ来い　さあ来い　わが子なれ
横座にぺたりと座らせて
黄粉べたべたなめさせて
赤い茶碗に飯盛って

赤いお皿に魚そえて
ああ　食べ
さあ　食べ　　わが子なれ
(石川県)

と逆襲しています。子守唄には意地の張り合いの唄も多いのです。

未来永劫の相手、嫁姑の争いに妙薬はないものか、お互いに「逆らわず　にっこり笑って従わず」

そういう解決法しかないのかもしれません。

法然は女性たちに手を差し伸べた！宗教の中の子守唄

平安時代には天台宗、真言宗、浄土宗、鎌倉時代には浄土真宗、日蓮宗など、今も信仰されている仏教の宗派が一斉に生まれました。天災、飢餓、噴火、洪水、疫病などが続く中、貴族から武士の時代に、ついには戦乱の世に突入します。

右往左往しているのは庶民ばかりとは常のことです。救いや祈りが生きるためにどれほど力になったかしれません。人知の計り知れないことの連続で信仰に縋(すが)ったのは当然かもしれません。

各宗派はお経やお題目を唱え、不思議な旋律と言葉の中に心を泳がせます。いずれもお腹に響く力強さを感じ、そのあげくに心地よい眠たさに到達したのかもしれません。僧侶の法話には縁起や説話などもありました。

みんなで唱和できるものには「経」「和讃」「ご詠歌(えいか)」「念仏」「声明」など数多くあります。さらに寺は女性に開放されたことによって、女たちにぬくもりと誰もと一緒に共有できる「場」をもつ喜びを与えてくれました。よくも悪くも昔から情報発信としてのマスコミュニケーションが寺の役目となっていたはずです。

寺に行けば心が安らぐ。仏の前では何でも言えた。老若男女のたまり場は、寺にとっても布教の好材料となったはず。経を唱えるうちに、それはいつしか日常の子守唄となっていったとしても不思議はありません。心癒され救われ、生死を学び、生きる指針と向かい合う寺に子守唄が存在したのは当然といえるでしょう。

法然の生きた時代は武士の争いによって庶民は逼迫していました。男は大切にされましたが、女性は貧しさと性に苦しんでいました。子をはらむ女性を穢れの対象としてしまうのですから、まったく理不尽な話です。

そんな女性たちに手を差し伸べたのが法然。誰もが極楽浄土に行けると説いたとき、女性たちは法然に縋り、信者になっていきました。法然は「心の椅子」を用意し、誰でもが念仏を唱えることで浄土に行けると寛大な救いを説きました。

法然の教場「吉水の道場」には、捨て子が多くいました。寺に捨てればきっと慈悲で助けてくれるという思いがあったのでしょう。男ばかりの僧院で、僧侶たちは米の上澄みを乳代わりに飲ませ、子を育て飢えさせることはありませんでした。孤児院や養護院も寺が兼ねていたのです。大きくなれば養子に出したり寺の小僧さんにしたりして育てましたが、さらに修行させて僧侶にするということもあったようです。

まさか子守唄を、とお思いでしょうが、法然の子守唄は仏教心に基づいたやさしいものです。どんな曲が付いたかはわかりませんが、不思議なことに「江戸の子守唄」の曲で歌うとぴったりはまり、歌えるのです。

特権階級の貴族や武士たちは信仰で集団化した宗派に脅威を感じ、身に危険が及ぶと考えたようです。寺は確かに今でいうマスコミの役目を果たし、巨大な力を発揮しました。宗教への弾圧が始まり、法然は四国へ、親鸞は越後へ、日蓮は佐渡へと人気宗教家たちの島流しが始まりました。

しかし、彼らはそんなことにへこたれません。確固たる信念があり、布教は自然発生的に信者たちが行い、唄もその中の一つだったのです。流された先で仏教はさらに信者を増やしていきました。

法然の吉水の道場で歌われたという子守唄があります。

親鸞の子守唄は北陸地方や山口県などで歌われました。他力本願の教えをなんの迷いもなく喜んだかもしれません。布教の一つとして、老人たちが子どもの守をするときに歌ったのが「子守唄」となって広まっていったということです。子どもを救ってほしいという場所として、寺があった時代でした。

◉法然の子守唄

ねんねん　寝たまえ　寝念仏
ねんねん　居たまえ　居念仏
立つも歩むも　念仏よ
浄土の門では　何が咲く
いつも菩提樹　沙羅双樹(さらそうじゅ)
いつも菩提樹　沙羅双樹

◉親鸞を祖とする浄土真宗の子守唄

ねんねん　唱名(しょうみょう)　常懺悔(じょうざんげ)
三月中は　よろこべよ
よろこび心の　おこるのは
弥陀の本願　きいたゆえ
弥陀の本願　きいたのは

すぐにこいとの　ご勅命
勅命きいたが　信心よ
信心ひとつで　まいるのよ
（山口県「ねんねん唱名」）

ねんねん　唱名　常懺悔
懺悔が　足らいで　喜びの
喜び心を　当てにすな
当てになるのは　おん勅命
勅命聞いたら疑うな
疑いないのが信心だ
信心一つに参るのじゃ
参るは彼尊(あなた)の極楽ぢゃ
なんまいだー
なんまいだ
（石川県「ねんねん唱名」）

「恋し恋しとなく蝉よりも」〝女の性〟を笑いで包む子守唄

笑いには多々意味があります。現実のつらさが表だって歌われることが多い子守唄ですが、その中にも笑いがうかがえます。子を産む母親は女盛りとあって、歌われる子守唄には、性と直結するものや生理に由来する猥雑（わいざつ）さをオブラートに包む、ユーモアを垣間見せる子守唄があります。

来いと言われてそのいく夜は
足の軽さよ　うれしさよ
（兵庫の子守唄）

恋し恋しとなく蝉よりも
鳴かぬ蛍は　身をもやす
（和歌山の子守唄）

おろろんおろろん　おろろんばい
早うせんかい　早うせんかい
オチョウチンが来よるばい
もう少し上んほう　もう少し下んほう
ああそこそこ
（大分の子守唄）

では子守娘はどうでしょう。
年端のいかない小さなときは猥雑な男たちのからかいの唄を意味も解(わか)らず歌っていたということも多かったようですが、少し色気づけば、人を恋う気持ちを持つのは当然です。

恋しい恋しい　あの人通りゃ
いっそ恨むは　身の不運
お子を大事と辻には立たぬ
好いたお方のかどに立つ
（愛知の子守唄）

ああれもない　ああれもない
子守走るないわれもしょうが
かけりゃ若衆に　買ってもらお
（静岡の子守唄）

守とよばしゃんすな　「守さ」とお呼び
守はわか衆の　花嫁御
村の若衆が　おちょんこみせろみせろと言うもんの
ちゃんぎりちゃんぎり
おちょんこみせてりゃくさいの
ああくさいの

村の若い衆が　おちょんこさすれさすれと言うもんな
ちゃんぎりちゃんぎり
昨日かったフランネル汚れるくさいもんの
（長野の子守唄）

エロチックな唄が並びます。でも、どれを見ても哀歓を込めながら健康な性を謳歌しているようにも思えます。女の性の開花が実に彩り深く表現されているといえないでしょうか。

うちの婆さん　九十九で
桑名の薬屋へ嫁入りしよとおっしゃる
嫁入りできまい　奥歯がぬけた
奥歯抜けても　前歯がござる
前歯二本に紅金付けて
孫よとめるな　縁じゃもの
縁じゃもの
（岐阜の子守唄）

老婆の青春、夢、笑い飛ばしたい冗句、これって誰が歌うのでしょうね。
罪がないといえば罪のない唄ですが。

さつま山から　谷底見ればよー
小さい子供が　ご石をひろうて
紙に包んでこよりで〆て
〆たところにいろはと書いて
いろは友達　みな伊勢参り
産みもようせず　おろしもできず
向こう通らせる　前髪様に
薬もてかとたずねてみたら
医者の子じゃなし　薬箱持たん
山で山吹　河原でよもぎ
それを煎じてのましゃんせ
(和歌山の子守唄)

意味不明のこの唄はどうやら堕胎(だたい)の方法をおかしく歌いながら指南している唄のようです。

子守唄が持つ庶民の知恵が温存されて、歌われているということかもしれません。笑いながら哀しみやつらさを生活のたくましさに転化させてるのも健康に生きるための知恵だったのだと思います。

性が人間の本性なら、その性を隠したり、規制するなど土台無理なのです。ただし、現代のように女性に快楽や喜びを与えるなど奨励することはできませんでした。子守唄はそれらを超越して歌うことで心の解放をした部分もあるのです。多くの女性たちは、科学的医学的に堕胎などの知識もなく、呪術に頼ったり、民間療法で命を落とすこともありました。

宮沢賢治の生家に伝わる子守唄
〔道ばたの黒地蔵〕と東北の「かくれ念仏」

宮沢賢治は花巻の人、詩人で作家で農民という肩書きは日本ばかりか世界でも有名です。花巻に行くと賢治との縁者が何百人と出てきます。狭い土地では縁をたどれば確かに全員がつながっているということにもなるのでしょうが、賢治は今も日増しに神話化されていくようです。縁者になりたい人があとをたたないのかもしれません。

東日本大震災のあと、賢治の「雨ニモマケズ」は、被災者への励ましの詩としても世界中で話題になり、多くの人に読まれました。何かあればこの詩はまるでバイブルのように心の支えになるのです。

さて、多くの人が詩や物語を通して賢治像を作っていくようですが、根源にある自然と人間の共生、無欲に幸せでありたいという賢治の思想に、「そんなのありえない」と日頃言いつつ、やはりすべてを失うと初めて気づかされるといった大きさが賢治の詩にはあるのでしょう。

賢治一人の力もさることながら、家や家族の歴史の背景というのもドラマチックなものがあるようにも思います。

私は賢治の臨終の折の話がとても記憶に残っています。三十七歳の若さで亡くなっていく息子に父親の政次郎は、「何か言い残すことはないか」と聞き、賢治は、法華経千部を作ってほしいと遺言します。母には「体が臭くないか」と聞き、「臭くはない」と答えると、微笑みで返したのちにオキシドールで全身をふき清め、お題目を唱えて静かに亡くなったという終焉の風景です。

ここでは両親も共に愛しい息子の「死」を素直に受け入れ、哀しみや取り乱したりということは一切ないことに驚かされます。

最後まで意識のはっきりした賢治の悟りなのか、両親の仏心なのか、まるで菩薩か賢者の集まりのように、静かさと清潔さの漂っている死の風景の感じさえします。

子を失う哀しみより、死に際しても最後の言葉を聞こうとする親の心の深さは、到底並みの一族ではないようにも思えます。

賢治は質屋の家業をとても嫌いましたが、家業からの資金で自由気ままに生きていたのも事実です。畑に立った家作（かさく）を利用して、「羅須地人協会（らすちじんきょうかい）」という看板を掲げて農民の文化活動の拠点にしたり、東京と花巻を行き来し、好きな童話や音楽を創作したのも資金源が豊かにある家という土台があったからできたことです。いわば家族が賢治の最大の理解者たちだったと思います。

父・政次郎とは宗教的対立があっても資金の応援が途切れることは生涯ありませんでしたし、母イチの実家は豪農で、子どもの頃の賢治は母方の祖母にたいそう可愛がられたそうです。祖母はあとで考えれば東北の「かくれ念仏」の信仰を持っていたようです。「黒仏」が歌われている子守唄にその片鱗を見るように思います。

原型はインドから伝わってきたといわれますが、ぐるぐる回って元にたどり着くという手法は全世界にあります。「ネズミの嫁入り」など代表的なもので、身近なものの大切さ教える意味で、ここでは地蔵が一番偉いと教えています。やはり、仏心は宮沢家では子守唄から始まっていたのかもしれません。長い子守唄は二度ほど歌い回しているうちに子どもは寝てしまうということです。

◉道ばたの黒地蔵

道ばたの　黒地蔵
ねずみに頭を　かじられた
ねずみこそ　地蔵よ

ねずみなんど　地蔵だら
なしてたったこ（猫）に　とられべ
たったここそ　地蔵よ
たったこなんど　地蔵だら
なしてこっこ（犬）に　とられべ
こっここそ　地蔵よ
こっこなんど　地蔵だら
なしておかみ（狼）に　とられべ
おかみこそ　地蔵よ
おかみなんど　地蔵だら
なして野火（のび）に　まかれべ
野火こそ　地蔵よ
野火なんど　地蔵だら
なして水に　消されべ
水こそ　地蔵よ
水なんど　地蔵だら

なして馬こに　飲まれべ
馬ここそ　地蔵よ
馬こなんど　地蔵だら
なして人に　乗られべ
人こそ　地蔵よ
人なんど　地蔵だら
なして地蔵　拝むべ
地蔵こそ　地蔵よ
道ばたの　黒地蔵
ねずみに頭を　かじられた

日本最古の子守唄
脅され眠らされていた聖徳太子

千円札の聖徳太子が消えてから随分たちます。今は野口英世ですが、その前は誰だったでしょうか。そうです、伊藤博文。なかなか思い出せません。

さて、その聖徳太子、「何者ですか」と問われるくらい知る由もないというのが現代なのです。

聖徳太子は五七四年、用明天皇と穴穂部間人皇女（あなほべのはしひとのひめみこ）を父母として誕生しました。つまりやんごとなき天皇の子、皇太子なのです。

何しろ母である皇女が八か月の頃よりお腹から声をだし念仏を唱えていたとか、生まれたとき、その手に舎利（しゃり）が握られていたとか、厩（うまや）で生まれたところから、キリストの誕生と重ねられ神だという伝説は限りがありません。四十八歳で没し、その生涯は皇太子としてたくさんの神秘のベールに包まれています。

仏教は聖徳太子によって広められたことでも有名です。

そんな聖徳太子もやはり人の子、幼児期の別名「夜泣き太子」とあるのですから、よっぽど寝つきの悪い赤ちゃんだったのでしょう。聖徳太子は幼児期に乳母もいて、子守唄で眠らされていたいうことが、子守唄について言及された日本最初の文献『聖徳太子伝』に記されています。この文献は鎌倉時代末期に編纂されたものです。

聖徳太子を祀ってある神社は数多くありますが、近場の栃木にある聖徳太子神社に行ってみました。夜泣きのひどい子が聖徳太子の子どもの頃の立像にお参りすると夜泣きが収まり安眠できると言われていたので、幼児期の立像があるところを探した結果、関東近郊ではここにあるとたどり着いたのです。

聖徳太子神社は太子館という温泉旅館の敷地内にある神社です。太子館のお休みどころで「聖徳太子の子守唄って知っていますか」と多くの方に伺ってみましたが、誰一人として知りませんでした。長い階段を上り最上階に安置されている太子立像にお参りに行く人はいなかったのです。今も寂しい中にあるお堂の前に立つと、下界は栃木の町が一望できる高さです。「夜泣き太子」はここにひっそりと安置されていました。

泣くのは広い宮殿の闇の怖さか、母親がいないためかわかりません。父も祖父も天皇家、親戚中が天皇だらけで目をまわしてしまうほどの特権階級の皇太子なのですから、とても私たちの想像できるものではないのです。

やんごとなき子どもは子守唄を歌って眠らされていたようです。しかも五人の美しい乳母によって、「脅され」て眠っていたと言うのです。

乳母もまた貴族や家臣として位の高い「臣(おみ)」「連(むらじ)」の姫君から選ばれるとあって安らかな眠りが美しい娘たちの子守唄によって約束されたと思うのですが、果たして育児に精通した女性であったかは不明です。

月益姫、玉照姫、唐花姫、日益姫、玉安姫。専属乳母の名前です。子守唄が歌われたとすれば、さぞや夢物語のような唄だったのではと期待されますが、乳母たちは寝つきの悪い聖徳太子を寝かせるのに、どうやら脅し、怖がらせ、寝かしつけていたようです。

念々念々々々　露々々露々々露
念禅法師古法師古法師宿宿
古法師　生子下(うめるこのもとには)
禰宜羅羅(ねぎらら)が候ぞ

とあるのですが、意味不明です。のちに大阪の雑学者・田宮仲宣(ちゅうせん)が、子守唄として子を抱き太平楽の譜を唱えてゆすり眠らせたのが子守唄の始まり、と解説しています。日本の子守唄に関する最初の文献です。念仏の「念」は安らかにお休みなさいを意味した仏教用語、子守唄の幼い頃からの刷り込みが、のちの仏教へと結びついたとしても不思議ではないのです。

◉聖徳太子の子守唄

寝入れ寝入れ　小法師
(ねんねしなさいぼうや)
縁の縁の下に　むく犬の候ぞ
(縁の下には猩々(しょうじょう)がいますよ)
梅の木の下には　目きららのさぶらふぞ
(梅の木の下には目をキラキラさせたお化け)
ねんねん法師に緒(を)をつけて　ろろ法師に引かせう
(寝なければぼうやをさらいにくるかもしれませんよ)
ろろ法師に緒をつけて　ねんねん法師に引かせう
御乳母(めのと)はどこぞ
(坊やの乳母はどこに行ってしまったのでしょう)

道々の小川へむつき濯(すま)しに
(きっと坊やのおむつを洗いに川へいったのでしょう)
ねんねんねんねんころろ
(さあ、早くお眠りなさい)
梅の木の下に　目きららがさぶろうぞ
(お化けが来ないうちに)

聖徳太子神社は険しい山道の階段を上りきると、お堂に太子の幼児像が鎮座しています。そのすがすがしい像は今ではなぜか大工さんや建築業の守り神となっているそうですが、聖徳太子と子守唄の関係はとても深く、忘れてはならないものなのです。

聖徳太子は何年か経つと必ずブームが起こるという不思議な人ですが、その原因は太子の立像にあるのだとか……。

多くの人は年齢と共に垢(あか)にまみれていきます。自浄作用が働き、聖徳太子の幼児期のあどけない立像に救いを求めるようになるのかもしれません。

昭和天皇に歌われたという子守唄
桃太郎伝説が延々と続く［柴の折戸］

国語学者の故・金田一春彦さんは、私が子守唄を勉強しているときの先生の一人でした。偉大な国語学者・金田一京介先生の一人息子です。

「学者の子が学者というのは嫌ですねぇ」とよくおっしゃっていられました。子守唄の採集は方言が多いため、わからない言葉をお伺いすると間髪入れずお返事が返ってきます。そのあとはなんとなく無駄話。いつもニコニコ、お口も滑らか、冗談好きです。

子どもの頃、隣の村に石川啄木がいて、京介先生と親交が深かった啄木に先生一家がひどい目にあっていたという話は何度聞いても面白かったことか。

「性懲り（しょうこ）もなく金を貸すまで粘る石川五右衛門よりひどい男ですからね、啄木は。郷里が同じというだけで、貸さざるをえないとなるまで、うまいんですよ、むろん返ってきたことなんて一度たりともありません、泥棒よりひどい。まったくね（笑）」

天才歌人も金田一家にとっては疫病神だったようです。今ではそれさえ、先生の話術にかかると物語のように聞こえました。

ねんねんころりの江戸の子守唄の話を伺っているときでした。

「そうそう昭和天皇はこの曲で寝かされていたということですよ。ただ坊やは良い子とは天皇になる方になかなか言えませんので、桃太郎の話にひっかけて歌っていたそうです」

何かの本で、雑誌だったかもしれませんが、先生が昭和天皇に何度か御講義をなさったという話を見たことがあります。雑談名人の先生のこと、昭和天皇のお口から漏れたとも考えられます。

◉柴の折戸

柴の折戸の　賤が家に
翁と媼が　住まいけり
翁は山へ　たきぎとり
媼は　川へ布すすぎ
日ごと夜毎の　世渡りも
いと浅ましき　五十鈴川
流れ流れる　源に

流れ来たれり　桃の実の
世にたぐいなく　大なれば
あな珍しと　持ち帰り
座敷にすえて　愛(め)ずるうち
桃はわれから　打ち割れて
男児(おのこ)が一人　出でにける
老いの夫婦は　驚きつ
また喜びつ　取り上げて
桃の中より　出でたれば
桃の太郎と　名づけつつ
かざして花と　愛でにける
次第に人と　なるにつれ
健(たけ)しくもまた　賢くして
翁と媼に　報(むく)いんと
鬼はときどき　人里に
渡りて憎き　振る舞いを

憎しと常に　思うより
キビの団子を　糧(かて)となし
犬猿雉を　従えて
鬼が島へと　打ち渡り
鬼を平らげ　その島の
黄金白金(こがねはくきん)　種々の
宝を納め　帰り来て
翁と媼に　ささげたり
豊かに富める　身となりて
親に仕える　忠義心
げにありがたき　ためしなり
鬼ちょうものは　世の中の
邪(じゃあく)な人を　鬼という
幼な心に　善し悪しを
知らせんために　伝えたる
昔の人の　かぞえ草(ぐさ)

という桃太郎伝説物語が延々と続く子守唄です。古来、桃は神聖な食べ物とされ、その桃から生まれてきた主人公は、犬、猿、雉という忠実な家来を連れて鬼退治に行くという物語は正義のドラマです。

これでは歌い終わらぬうちに寝てしまうこと請け合いですが、幼い昭和天皇をお休みさせるとなると、確かに周りはどれほど気を使ったことでしょう。

しかし、先生のおっしゃっている天皇の幼少期の御寝所に子守唄が流れていたとしたら、本当に素晴らしいことだと思います。一般にはこの唄は、「悪さをすれば征伐される」という道徳を子どものときに植え付けるものとなっています。

美智子皇后（現・美智子上皇后）のお話です。皇太子（今上天皇）がまだ幼い頃、海外にお出かけになることがありました。長い留守の間、眠るときに聞かせてほしいとご自分でお歌いになった子守唄のテープをお残しになったというお話をテレビで拝見しました。

そのとき、質問の記者は「モーツァルトですか、シューベルトですか」とたずねました。

「いいえ、ねんねんころりの子守唄です」

皇后のお答えは江戸の子守唄でした。

昭和天皇も江戸の子守唄、同じに皇室に流れていたのだと聞いてうれしくなりました。

願いは親を極楽に親を眠らす子守唄

『楢山節考』（一九五七年）は作家・深沢七郎（一九一四年～一九八七年）のベストセラー小説です。

老いた老人を山に捨てに行くという残酷非道なお話ですが、主人公おりんばあさんはむしろ進んで冬の山に捨てられていくことを「人生最後の仕事」として全うしようとしています。村で生きるには七十歳という年齢制限があり、まだまだ丈夫なおりんばあさんは自ら歯を石で砕き、嫁に家のことを言い残し、息子に背負われて雪の山に入ります。

いまどきそんな覚悟を持っている老人はいないでしょうし、七十歳が老人という意識もないかもしれません。死に対しての哲学も希薄に感じます。貧しさや自分の居場所がないという実感が生活にはないからかもしれません。

あるとすれば認知症や病気の不安、経済をどうするかといった老後の現実にくる不安の方が大きく、人生の幕の閉じ方に確たる方法など見つからないというのが、本音でしょうか。

楢山節考が話題になったとき、子が親を捨てに行くなど極悪人のすることだと、大泣きした人もいました。生活が豊かになっていくにつれて現実離れしてきたのでしょうか。昔は老いて家族には迷惑をかけたくない、口減らしのために、と親には死にゆく覚悟があったのです。生きるか死ぬかの貧しさが日本の農村を襲っていた時代でした。

ただ、各地にあった姥捨て山の取材で知った事実は、寂しい山に一対の親子が死出の旅にいくのではないと知りました。村の老人たちは死の集合場であった山に向かったのです。死は一人です。大雪が降れば凍死します。老人たちが酒を飲んで踊って寝入ったところに雪の布団がかぶさってくる。自然を利用した集団自殺みたいなものだったのでしょうか。同名の映画（一九八三年）のエンディング曲「親を眠らす子守唄」は、なかにし礼さんが作詞しました。

眠れないのは風のせい
風吹くな　風吹くな
私のかあさん　眠るから

という後半の一節があります。

死に行く母親を早く楽にしてほしいという子の切ない思いは、厳しい自然に向かって祈りとして吐露されているように思われてなりません。そんな親子の思いはひょっとすると今はないかもしれません。

深沢さんの生地、山梨にこんな子守唄があります。

おらの親父は猫食って死んだ
猫は恐いもんだ命取る

親のない子に親はと聞けば
親もありやす極楽に

猫は殺鼠剤（さっそざい）の一つ「猫いらず」です。貧しさによって自殺まで追いやられる時代です。この子守唄が楢山節考の底辺に流れていたように思えてなりません。猫いらずで死んだ父親に、死んだら早く極楽に行ってほしいという願いが、子にとって切実な思いだったのです。

　子守唄を歌わなくなった今、それだけ親子のつながりが深いものではないという悲劇を私たちはどう乗り越えていくのでしょうか。最小限最大限の関係性の中で培っていく情の深さ、血と土地の恩恵がなければ育たないのだと今しみじみ思われてなりません。貧しかったから思いやれる、どんなことでも親に報いたいという目的があった若い日には、涙も情も哀しいほど健在だったのですね。

江戸時代になると、生活も潤ってきたのでしょうか、嬉しい嫁入り道具が並ぶ歌詞の子守唄が歌われるようになりました。

◉山梨甲府の子守唄

ねんねんねんねん　ねんねんよ
坊やが大きくなったなら　嫁を取る
嫁の道具は　なに道具
タンス長持ち　夜着布団
下駄箱　針箱　はさみ箱

笑わせ泣かせる「野の芸」流浪の旅芸人が歌った子守唄

「一声聞いたとき震えた。地の底の声だった。傍の障子もびびびっと振動した」瞽女(ごぜ)の小林ハルさんの唄を聞いた画家の木下晋さんは今もそのときの情景を興奮して話します。

ハルさんを描いた木下さんの鉛筆画は傑作です。皺がこく刻まれた表情と見えない目の奥に漆黒の人生が深く大きく広がっている感じです。母との放浪という幼児体験をもつ木下晋さんがとらえた「母像」なのかもしれません。

「瞽女」。漢字は辞書から消え、その存在も消滅した盲目の女旅芸人です。遊芸盲女人、もうそれだけで異様な哀感を抱かせます。

「雪目(ゆきめ)」……幼児期に雪の白さの強烈な光で盲人になった女の子たちの生きる手段として仕込まれる芸は、生きる糧がかかっているので過酷で容赦のない訓練だったようです。雪が生活の大半を占める雪国新潟の寒さの中で喉から血を流しながら声を作る修行の壮絶さは拷問と紙一重のようにも感じます。

しかし盲人が生きるために身につける芸は、三味線を弾き、歌い、語り、なお、放浪し門付をして歩く職業と直結している究極の選択なのですから、逃げることもやめることも許されないのです。風土が担っている哀しみは、やがて手甲脚絆に三度笠、背にした風呂敷の小荷物と三味線を持った旅芸人として定着していきました。瞽女の画を見るとなんだか文学的な匂いや風情を感じますが、そんなたやすい生き方ではなかったと思います。血のにじむ努力を強いられ、仲間がいない限り生きられないことを幼いときに仕込まれるのです。

瞽女は一人では旅をしません。いや、できません。何人かが規律を持って芸を売るのですが、娯楽のなかった農村では門付といい、家の玄関で芸をして路銀をもらうのです。「ご贔屓さん」ができれば、毎年農閑期に家々を回り泊まり込みで夜の宴が始まります。農閑期はまた、寒い冬と決まっています。お座敷に集まった人たちにそれぞれに喜びそうな唄を提供します。わらべ唄から時に猥歌までも歌います。

日本人は泣き別れの好きな人種です。笑わせ泣かせ、時に嗚咽させるまで昇華させる。それは「野の芸」、野にさらされた芸といえます。

瞽女の定番に「葛の葉」というのがあります。陰陽師の安倍晴明の母親はキツネという説がありますが、この母キツネは信太に住み、本性がわかってしまい森に帰るという物語が「葛の葉」。子別れの語りの序章なのです。

◉葛の葉

さらばによりてこれに又
いずれにおろかはあらなども
もののあわれをたずぬるに
しゅじなるりやくをたずぬるに
なに新作もなきゆえに
葛の葉姫の哀れさを
あらあらよみあげたてまつる

夫に別れ子に分かれ
もとの信太へ帰らんと
心の内に思えども
いで待てしばしわが心

今生の名残りに今一度

童子に乳房を含ませて
それより信太へ帰らんと
保名の寝つきをうかごうて
さしあし抜き足忍び足
我が子の寝間へと急がるる

我が子の寝間にもなりぬれば
目をさましゃいの童子丸
なんぼ頑是(がんぜ)がなきとても
母の云(い)うをよくもきけ

そちを生みなすこの母が
にんげんかえと思うかえ
まことは信太にすみかなす

春欄菊の花を迷わする
千年近き狐ぞえ

さあさりながら童子丸
あの石川の赤右衛門
常平殿に狩り出され
命なき場所なり
その時この家の保名(やすな)様
我に情けをかけたもう

滋賀県では同じ題材を使った次のような子守唄も流行しました。

◉麦ついて

麦ついて
小麦ついて

御手にマメが九つ
九つのマメのいたみに
親の在所が恋しゅうて
恋しゅくば訪ね来て見よ
信太の森の白狐
よーいよーいよいやさ

次男は長男の子どもの世話に明け暮れる武家社会の規律から生まれた男の子守

虐待や犯罪が年々深刻化し、命の価値観が希薄になってきたのは健全な教育の根が失われた結果だと思います。

大人の一人ひとりの生き方が子どもたちの活きた教育になるということを、私たちは忘れているのかもしれません。日常の一挙一動。生活のこまごました動作や言葉、善悪のけじめなどを伝達していく責任を大人たちがなまけて放棄しているとしたら、未来にとって決していいことではないはずです。

さて、子守唄ですが、まったく意識のない幼児に歌って聞かせても意味がないと思う方がいたら大間違いです。その時期、身体に刷り込まれる無意識の中の意識の存在は生涯その子どもから離れることはないのです。

また、女性だけに子守唄があるのではありません。アメリカの先住民や北欧の少数民族などでは男性が子守唄を歌います。気候風土の厳しい生活を生き抜く知恵を歌うことで子どもの脳に無意識のうちに刷り込ませるのです。いわば生活の知恵袋を授けるのです。イスラム教のコーランも子守唄の一つかもしれません。

私がトルコに行った折、一日何度となく街のスピーカーから大きな声のコーランが町中に響き渡ります。朝はコーランで目覚めました。意味はそれほど難しいものではありません。当たり前のことを節をつけて歌っているのですが、無意識に記憶される、洗脳に近い子守唄といえるのではないでしょうか。

さて、日本で一番早くに男性が育児に参加するのは「男守り(おとこまも)」さんでしょうか。武士の教育は、あくまで跡取りの長男中心という規律が優先します。藩校や私塾を作っている教育熱心なところもありますが、貧乏な藩では次男以下が長男の子どもの世話に明け暮れるという「男守り」という決まりがありました。これは相当きつい仕事だったようです。

「男守りさんあほらしないか　唄も知らんし子もなくし　男守りさん恥ずかしゅないか　守は女に決めたもの」(兵庫県)

「可愛いがらんせ　男の子じゃに　家の跡取りする子じゃにしゃ　男守りよ　横着するな　誰も嫁に来てがない」(三重県)

「守さ守さよ　男の守さ　名古屋七間町の馬のよな」（愛知県）

でも少数ということもあり馬鹿にされたり、子守娘にいじめられたりということもあった中、無言で耐えてこれも「家のため」と働いていたようです。同じ家に生まれても長男との格や扱いは雲泥の差があったのです。

しかし、男守りには、長男の教育という大義があり、子が小さいときには、背負ったりはしたでしょうが、それより学問や剣術といったものの指南や素読、習字などの教養も指導しました。いわば家庭教師も兼ねていたのでしょう。

男守りはあくまでも「陰」の存在としていなくてはならず、長男より頭角を現してはいけません。中には結婚もせずに生涯を独身で送る男守りさん、家柄の低い女性と同棲する人（婚姻などというのはできなかったのです）、貧しい小屋に住む人などもいたそうです。あくまでも家が大切、謀反を起こしたり、お家争いのもとになるなどの原因を作らぬよう、生涯家と長男に気兼ねして小さくなって生きていかなくてはなりません。他家に養子に出されることはあっても、それは家を継ぐという名目のためでした。

武士の家では、長子が亡くなったら次はまたその長子が家を継ぐということで、運命は長男以外には相当厳しいものだったのです。

◉岐阜の子守唄　男守りさん

こんな泣く子は　よう守りせんに
守りをたのんで　暇おくれ
暇をやるから　代わりをたてよ
代わり立てます　男守り
男守りでは　夜なべできぬ
夜なべさせます　わら細工
男守りさん　悔しくないか
こんな泣く子の　よう守りせんに
酒も飲まずに　泣く子の守りか
代わり立てましょ　おなごの子守
代わりに　おぼこの乳飲んで
こっちゃ来て　おなんとしょかいな

強い絆で結ばれた母子の〝交信〟
動物たちの子守唄

僕の体重　百グラム
母さんの体重　百キロ
小さな小さな小さな僕は
大きな大きな大きなお母さんから生まれた

僕の頭のてっぺんから
お尻の先から　あしの裏まで
一分間に三十回　ぐずればこんどは五十回
抱いてなめてなめてお母さんの一日は暮れる

二百回も三百回も
一時間も二時間もずっとずっと

舌をぺろぺろ、ぺちゃぺちゃ、ぺちゃぺちゃ
舌も痛い　首もいたいよね　母さん
(作詩・西舘好子)

今は亡き中川志郎さん（二〇一二年死去）は上野動物園の園長さんでした。日本の動物園でパンダを初めて飼育したことでも有名です。

「動物だって子守唄を歌います」

「本当ですか」

「節や歌詞はないけれど歌に代わる可愛がり方というのが動物にもあるのですよ。パンダのお母さんは大変ですよ。赤ちゃんが生まれる前は一生懸命笹の葉っぱを食べてものすごく太るんです。そして穴に入って産むのですが、その前にすごく大量のウンチをしますが、産み終わるまで飲まず食わず、排泄（はいせつ）も一切しません。そして、生まれるとすごい愛情表現をするんです」

「可愛いという思いからでしょうか」

「うーん、そうすれば育つという、生き物の本能として、子孫を残す作業の中に組み込まれている愛情です」

「どんな形でしょうか」

「なめてなめて、なめまくります。頭の先から足の裏まで、おしっこもウンチもみんななめてしまう。パンダの巣はとても清潔できれいです」

「子守唄は歌いますか」

「『空なめ』するんです、つまりなめていないのに口をべちゃべちゃ、なめているときと同じ音を出すのです。子どももその音を子守唄として聞いているようです。空なめの音を聞いて安心して眠ります」

「子熊は、『おぎゃあおぎゃあ』て鳴くんですよ。大きくなるとお母さんの両足の間に入ります。子熊の安全な場所なのです。お母さん熊は『ビビビビビ』って鼻声を出します。その声を聞くと、子守唄のように赤ちゃんは安心するんです。いわゆる唄ではないんですが、鳴き声や舌の先からグローニング糖というやさしいホルモンが出るのです。

ゾウは仲間のゾウが妊婦の面倒を見、産婆役を務めます。それから保育士になるんです。仲間のゾウたちと連携して子どもを育てるわけです。

アシカはもっとすごい。お母さんのお腹におっぱいがありません。だから赤ちゃんはお母さんのところに行って鼻づらでお母さんのお腹をツンツンとつつくんです。するとお腹からぴょこんと乳首が出てきます。きゅきゅきゅと飲むんです。お腹いっぱいになると、またオッパイはお腹の中に戻ってしまう。魚を獲りに行くのにおっぱいはじゃまなのかな、何日も魚を追いかけていることもあるので『ビビビビビ』という振動音を親子で繰り返すのです。交信の子守唄です。

キリンの場合は、『ムー』っていう声を赤ちゃんが出します。キリンのお母さんは長い首で四方八方見ていますから、その声を聞けばすぐ飛んで行けるのです。

あらゆる動物に子守唄があるのですが、まあ、今日はここまで」


つまりお母さんがいて子どもがいる。そして動物は生物として自然に子孫を育てるようにできている。当然お父さんもいますが、動物の場合は圧倒的に母親と子が強い絆で結ばれているようです。人間の赤ちゃんも動物も生まれたときはみんな同じ。ふれあいや音の高低やリズムが子守唄なのです。


京大総長、霊長類学者の山極壽一（やまぎわじゅいち）先生とお話しした折、先生は、

「ゴリラは一年間赤ん坊を一時も離さないで子育てに専念し、子は三年間母ゴリラの乳を飲んで育ちます。徹底的にメスのゴリラの子育てで子は育つのです。『見つめ合う』というゴリラ特有の信頼関係は、子育ての時期に育まれ、ゴリラ社会の強烈な意思表示となっ

ているのではないか」

とおっしゃいました。ゴリラのコミュニケーションの基本は母親から伝達されているということでしょうか。

父となるオスゴリラは離乳期あたりから育児のバトンタッチをうけ、子育てするそうです。ゴリラの群れには厳格な規律があります。

しかし、「家族」という認識は人間にしか存在しないそうです。そこから「ゴリラから人間社会の構造の根底を探る」という研究テーマに結びついているようです。

さて、ゴリラの子守唄はどんなものなのでしょうか。

新子守唄物語
天女の羽衣伝説

漁師の五平は今日も浜にでて漁に出かけようとしていました。

「おや。この香りはなんだ」

向こうの松の木にキラキラ輝くものがありました。

五平が手にしたものは羽のように柔らかく、絹より軽く、かぐわしい香りのする透き通った布でした。

「やや、これは世に言う羽衣ではあるまいか」

五平はとっさにかごの中にこの布を押し込みました。

「この松の木にかけておいた私の羽衣を知りませんか」

気が付くと目の前に、一目見たら忘れられない美しい娘がたっていました。

「いいや」

五平は頭を振り、知らないと言い張りました。

「羽衣がなければ私は天に帰れません」

天女は泣き崩れてしまいました。

五平は詫びの気持ちで一杯でしたが、この娘も手放したくなく、何とか手元に置いておきたいという一心でした。天に帰れなくなった天女をつれて家に帰りました。娘はよく働き、しばらくして五平と天女は夫婦になりました。やがて子も生まれ、五平はとても幸せでした。祭囃子が聞こえる夕暮れのことです。

妻はうれしそうに出かけていきました。

五平は「坊やは俺が見るから祭り見物に行っておいで」と妻にやさしく声をかけました。

「坊や、今日はお父さんが負ぶってやろう」

五平は子どもをあやしたりゆすったりしていましたが、そのうちに子どもがぐずり泣き始めました。

「よしよし、それでは子守唄を歌ってやろう」

ねんねんころり　おころりよ
坊やの母ちゃんの羽衣は
納屋の甕（かめ）のなかにある
ねんねんころり　おころりよ
坊やの母ちゃんの羽衣は

家の大事な宝物
ねんねんころり　おころりよ
坊やが大きくなったなら
いつか羽衣　みせてやろ
いつか羽衣　みせてやろ

五平は繰り返し繰り返し歌いました。

「さては」

帰ってきた天女は五平の唄を家の外で聞きました。それから急いで納屋に行き甕を見つけました。なんとあれほど探していた羽衣が出てきました。天女が狂喜したのは言うまでもありません。家ではまだ五平が唄を歌っています。天女はそっと羽衣をまとい五平とわが子に「さよなら」を言いました。そして、天へ天へと舞いあがっていきました。

ねんねんころり　おころりよ
坊やのお母ちゃんは　天女なの
天女は天に帰ります

泣いても騒いでも天女は帰ってきません。

ついつい、昔を忘れた五平は唄ですっかり「ばらして」しまったことをどんなに後悔したかしれません。妻を失った五平はそれから大事に大事に子どもを育てたそうです。

語り継がれた民話の中にこんな話がありました。

子守唄には「本音が言葉になってでてしまう」という作用があるのです。

ついついつい、隠していたものが油断すると出てしまう。心とは正直なものであるという教訓が入っているかのようです。

みちのくの民話「羽衣伝説」です。これと似た話は各地にあると言われています。

「ねんねんころり」ってどんな意味？　仏教からきた太古の伝承

日本の子守唄のほとんどは「ねんねんころり」で始まります。土地によって「ねんころ」「ねんねぇや」「ねんね」「ねむねむ」などと言い方は変わりますが、さして意味は変わりません。訳せば「寝なさい」に統一されます。子守唄は赤ちゃんを眠らせることを目的にしていますから、寝てほしいという願望が真っ先に言葉になったのかもしれません。

誰が、いつこの「ねんねん」を広めたのか、ずっと疑問でした。平成十六（二〇〇四）年の秋、私は比叡山延暦寺に行き、根本中堂をこともあろうに比叡山のご長臈の小林隆彰氏にご案内いただく栄に浴しました。

御本尊に手を合わせ、ふと横を観ると木札に「ねんねん」という文字が見えました。ねんねんと称して念仏を唱えなさいという教示のようです。

「この『ねんねん』なのですが」と、問うと、

「インドの経典でバーリー語、サンスクリット語や」

間髪を入れずさらりと名答。

「安らかに、ゆるりとおやすみなさい、という意味でよいのでしょうか」

「そうや、生まれたときも死ぬときも、ゆっくり寝ろということやね」

二千五百年前から使われていたとなるとなんと深い言葉なのだろう。しかも、仏教用語とは。それではご当地のインドではどうなっているのでしょうか。どうにも気になり、平成十七（二〇〇五）年一月にインドへと向かいました。

北インドへの旅は前年に仏蹟を訪ねて行ってきたばかり、ガンジス川は思ったより汚くも濁ってもなく私も沐浴（もくよく）してきた思い出がまだ生々しいのに、今度は子守唄を探しに出かけました。

一月のインドは東京と同じくらいの寒さ、厚手のコートがなければとても歩けません。バスの移動が長く、ほとんどはバスのガイドさんとの対話で一日が終わります。ガイドさんはインド大学の日本語科出身でインテリの鏡みたいな方、三人のお子さんもいらっしゃるということでした。ガイドさんは日本語を学び、日本の研究家でもあります。インドは今ではそのほとんどがヒンドゥー教徒で、仏教徒はわずかという中で子守唄のことを聞いてみました。

「その通り、インドでは子守唄のことをローリーと言います。私も子どもの頃に母に歌ってもらい育ちました。歌ってみましょうか」

ネム　ローリー　ローリー

ネム　ローリー　ローリー

わかったのは、このフレーズだけでした。インドでは各地方で様々に子守唄があるそうですが、「ねんねん」が経典であるというのは事実です。その経典を探してくださると約束してくださったのですが、まだ届いてはいません。

ところで「ローリー」に子をつければ「コ（子）ローリー」となります。考えすぎでしょうか。「ねんねんころーりーよ」は、生まれる讃歌とあの世への旅立ちを「安らかに」と鎮魂でつながっているということではないでしょうか。

おわりに　無私の心を愛で表現できる子守唄をこれからも大切に……

親のない子は入日（いりひ）を拝む
親は入日の真ん中に

と歌う和歌山の子守唄があります。入日はやがて消えゆく太陽、夕焼けのことです。母の姿が神々しく夕陽の中に輝き、やがて闇に包まれていく。思わず手を合わせたい衝動は母を亡くせばなおのこと、子は親の幻影を追い求めるのでしょう。どんな人も自分の存在は親なくしては考えられません。親のない人間は皆無なのですから。

死ねばすべては無になるといって割り切ってしまえば、人は何も先祖の祭りや思い出を抱えることもないはずです。思いを残しあの世に逝（い）った多くの人間が仏となって私たちを見守っていてくれ、親はなおのこと、生死の中に自分の中に生き続けるという考えは、日本文化の精神史の基本にあるのかもしれません。命のバトンタッチが終わることなく受け継がれているのです。

「命」の伝承、生死は「讃歌」から始まり「鎮魂」で終わります。命の縦糸に「子守唄」という歴史があり、歌うという表現方法があったことを私は日本人として誇りに思っています。日本語の持つ響きや言葉の豊かさは、どの国の言葉より表現力に富んでいます。一つ里を越えれば唄が違うというように、その土地に生きた人の生活文化が息づいています。

唄は心のひだを、故郷を、しっかり捉え、日本人と日本を浮き彫りにしてくれたように思います。赤子に歌われた子守唄は「ひとり」のつぶやきにすぎませんが、歌う側の心の深淵をのぞかせ、無償の愛の語りの行為でした。取材では、市井（しせい）の当たり前の女性たちの一人ひとりが背負っている人生にふれ、母親になる女性たち、育児に携わった女性たちの生きる力の深さと大きさ、エネルギーのすべてに感動しました。

「自分は子どもを産んだから苦労するのは当たり前」「子どもがいるから死んでいける」という単純明快な人生観です。しかし、この本能から哀しみや情感、抒情といったものが生まれてきているような気がしてなりません。

おらがはなちゃんは菜種のつぼみ
咲けば蝶々がまいあそぶよ

（静岡の子守唄）

この子守りして　こんなに痩せた
帯の二重が三重まわる
帯の二重が三重にまわるよじゃ
締めてみゃんせ四重にまわる
（三重の子守唄）

あの子色白　蝶々がとまる
わたしゃ色黒　蜂がさす
（兵庫の子守唄）

こんな表現が子守唄には山ほどあるのです。この宝を私たちは大切にしていかなくてはならないと思っています。誰かのために命がけになれる。私欲も私心もありません。無私の心で愛を表現できるのは、百パーセントの信頼を寄せてくるわが子に向かってこそ、発揮されるものだからです。

赤ちゃんの愛に裏切りはありません。無垢（むく）な命に私たちは今日も限りない時間をあげることを幸せに感じています。母という名において。

あえて「唄のむこう」に目をむけ、伝承された子守唄を紹介させていただきましたが、母親の数だけあるといわれる子守唄にはどんなものがあるか皆さんも探してみてください。

世相も子育てもすべてが変わってしまったとはいえ、人生につきものの悲哀の旋律を耳にしなくなったとき、人はやさしさと涙という宝物をなくすということは、きっと本当だろうというう気がしてなりません。

光栄なことに私が日本子守唄協会理事長在任中、二度も美智子皇后陛下（現・美智子上皇后）に御目文字（おめもじ）を叶（かな）うことができました。美智子皇后陛下自らが高校生のとき作詞なさった「ねむの木の子守唄」は山本正美さんの作曲で、それは美しい日本の子守唄として今に歌い継がれています。

「西舘好子さん」

やさしくフルネームでお声をかけていただいたときはびっくりして声も出ませんでした。

「こ・も・り・うた」

やさしい言葉で一言ずつ区切っておっしゃった美智子皇后の声は今も忘れることはできません。

「こ・も・り・うた」とゆっくり一言区切りの言葉、それ自体が子守唄の旋律と同じ慈愛に満ちていたと感じました。

その日から「子守唄」はまったく新しい感覚で私に響くようになりました。

子どもへの思いが詰まっている「間」のある「こ・も・り・うた」を丁寧に伝えていかなくてはならないと思いました。

「KO・MO・RI・UTA」はそんな中で私の中でつくられた詞です。

国母(こくも)が子守唄をお書きになるなど日本だけですが、その御心が日本中を明るく照らしていてくださっていると感じているのは私ばかりではないはずです。

かみしめるように一字一句を発する子守唄に皇后陛下の祈りが込められているように私は思いました。詞には藤井秀亮さんが作曲をしてくださり、日本子守唄協会では折に触れて歌っています。

KO・MO・RI・UTA　　作詞・西舘好子

かなしいときには　かなしいうたを
うれしいときには　うれしいうたを
さみしいときには　さみしいうたを
なきたいときには　なきたいうたを
あなたの言葉でうたってほしい
あなたの心でうたってほしい

あなたの母が　うたってくれた
あなたの町に　ながれていた
あなたの家に　つながれていた
あなたの胸に　ねむっていた

母がうたった　子守唄
いまは　あなた（わがこ）につたえたい
いまは　あなた（わがこ）にうたいたい

［本書出版までの備忘録］

西館好子さんの夢は無限大に

ユニコ舎代表　工藤尚廣

本書は二〇一八年に出版された西館好子さんの著書『日本の子守唄　命と愛のメッセージ』（游学社刊）の原稿に西館さんご自身が改稿と推敲（すいこう）を重ねた、新しい『日本の子守唄』となります。副題はより抒情的に『「ねんねんころり」のふるさとへ』と改題しております。

西館さんと知り合ったのは二〇二一年の夏でした。弊社刊の「刻　TOKI」の著者である木版画家の井上勝江さんに紹介していただきました。

お名前はもちろん存じていましたが、失礼ながらどのような活動をされてきたのかは詳しくは存じ上げませんでした。「文化人」というイメージであり、実際に話をしてみると、その見識の豊かさに圧倒され、その若々しい感性には畏敬の念を抱きました。

その西館さんが戦後の核家族化で希薄になっていく親と子の絆を憂慮して、豊かな人間関係を取り戻すための〝処方箋〟としたものが「子守唄」でした。

高度経済成長期の申し子である私の世代はもしかすると母親からきちんとした「子守唄」を聞いた最後の世代になるのかもしれません。

おぼろげにも覚えている「ねんねんころり」ですが、そういえば詞の意味など考えてみたことはありませんでした。西舘さんの原稿を読んでもっとも驚いたのは子守唄の詞は子どもを寝かしつけることが根本原理ではなく、子育てのつらさを吐露した言葉であったことでした。フラストレーションで編んだ詞を赤ん坊にぶつけるなど、とんでもなく乱暴ではないかと考えてしまいますが、しかし、それによって母親は心の均衡を保ち、それが赤ん坊にやすらかな眠りを誘うということであれば、なんと合理的なことなのか。

それにしても「子守唄」の多様性には驚かされました。

それは子育てをする母親、あるいは子守娘のフラストレーションが実に多岐に富んでいるためでもあります。感情はその時代の社会情勢にも大きく影響されます。心の救いを求めるために神話や伝説、宗教にすがる場合もあったのでしょう。そのような子守唄はおとぎ話や民話に通じるストーリーがありました。

一方で「来いと言われてそのいく夜は　足の軽さよ　うれしさよ」「おろろんおろろん

おろろんばい　早うせんかい　早うせんかい　オチョウチンが来よるばい　もう少し上んほう　もう少し下んほう　ああそこそこ」……こんな思わず赤面してしまいそうな子守唄もあったのです。西舘さんは「哀歓を込めながら健康な性を謳歌しているように思えます」と記していますが、これなどは官能小説の原点といえるかもしれません。

子守唄にはいろいろな側面があり、たとえば「竹田の子守唄」は「放送禁止」の烙印を押されたと信じられていますが、その原因は歌詞の中にある「在所(ざいしょ)」が「被差別部落」のことではないかと疑われたことにありました。仮に「被差別部落」であったとしても歌われてきたことは事実であり、それに目を背けていいものなのか。西舘さんは「見て見ぬふり」「臭いものには蓋をする」といった戦後の風潮が日本の未来に暗い影を投げかけるのではないかと誰よりも憂慮してきました。

子どもたちの犯罪や虐待、いじめや引きこもりが多発し始めたのは「子守唄」が歌い継がれなくなったからだというのも頷けるようになりました。

西舘さんが理事長を務める日本子守唄協会のみなさんは「子守唄」が家族、地域、国家、そして世界の安寧(あんねい)につながるものと信じて活動に勤しんでいます。

二〇二二年冬、その活動は新たな局面を迎えました。群馬県下仁田町で進められている女性支援事業「ねぎぼうずプロジェクト」です。旧西牧小学校校舎を利用して女性村を開村。そこでは女性の自立支援を行い、これからは子ども相談室、子ども駆け込み寺としても活用されていくこととなります。もちろんプロジェクトを支える大きな柱として「子守唄」が存在しています。

このプロジェクトには世界的ピアニストのフジコ・ヘミングさんも賛同、ご自身のドイツ製ピアノを寄贈し、誰でも自由にピアノが演奏できる「フジコ・ヘミングの部屋」も設けられました。フジコさんの芸術作品が展示された部屋で、フジコさんのピアノで奏でられる子守唄の調べ……子守唄の目的には反しますが、想像しただけで眠気など吹き飛んでしまいます。

冒頭、私は西舘さんを「文化人」と記しましたが、今ではそんなところで括られる人ではないと実感するようになりました。もちろん「作家」であることには間違いありません。さらに志に篤い人――「篤志家」などと言ったら、ご本人は嫌がるでしょうか。

しかし、その大きな志は無限大に広がっていくように思えてなりません。

参考文献（五十音順）

『赤い鳥』復刻本　赤い鳥社著　日本近代文学館
『秋田山形のわらべ歌』佐々木昭元・佐藤金勇・武田正編　柳原書店
『飯島實　伊東のわらべ唄・曲譜集』小林一之編　城ヶ崎文化資料館
『伊豆の子守唄』小林一之著　城ヶ崎文化資料館
『糸魚川・西頸城の民話』中村栄美子編・吉原晴美画　NTT糸魚川電報電話局
『いわきの子守唄民謡』佐藤孝徳著・刊
『うしろの正面　わらべ歌エッセイ』高橋美智子著　柳原書店
『歌い継ぎたい日本の心　愛唱歌とっておきの話』吹浦忠正著　海竜社
『「歌」の精神史』山折哲雄著　中央公論新社
『エミシのクニの　アイヌ語地名解』菅原進著　熊谷印刷出版部
『男と女の時空　日本女性史再考』（全13巻）　藤原書店
『おわらの記憶』おわらを語る会編　桂書房（富山ふるさと文庫）
『音楽の起源』ニルス・L・ウォーリンほか著　山本聡訳　人間と歴史社
『音楽ものしり事典』長田暁二著　ヤマハミュージックメディア
『音楽療法の手引き』松井紀和著　牧野出版
『女のことば誌』杉本つとむ著　雄山閣出版
『韓国と日本をむすぶ昔話』石井正己著　東京学芸大学
『がんどん　民話と民謡と』村田道男著
『岐阜・揖斐添谷の昔話と唄』大橋和華・野部博子編　民話と文学の会
『岐阜県のわらべうたいま・むかし』林友男著・刊
『教科書から消えた唱歌・童謡』横田憲一郎著　産経新聞ニュースサービス
『子宝と子返し　近世農村の家族生活と子育て』太田素子著　藤原書店
『こどもの手』中日新聞婦人家庭部編　中日新聞本社
『こどもは未来である』小林登著　岩波書店
『子守唄の基礎的研究』渡辺富美雄・松沢秀介編　明治書院
『子守唄の原像』鵜野祐介著　久山社
『子守り唄の誕生』赤坂憲雄著　講談社
『子守唄のふる里を訪ねて』臼田甚五郎著　桜楓社
『子守唄はなぜ哀しいか　近代日本の母像』石子順造著　柏書房
『子守と子守歌　その民俗・音楽』右田伊佐雄　東方出版
『山怪　人が語る不思議な話』田中康弘著　山と渓谷社
『静岡のわらべ歌』堀場宗泰著　柳原書店
『自然のうた』辻田功著　小学館スクウェア
『詩と思想』二〇〇二年一月号「特集：子守唄と童謡」土曜美術社出版販売

『信濃のわらべうた』長野県音楽教育学会編　音楽之友社
『下総の子ども歳時記』青木更吉著　崙書房
『縄文の生活史』岡村道雄著　講談社
『世界のこもりうたと親子の人形』浅井典子著　エイデル研究所
『叢山たつ　ふるさとの歌　下伊那郷土民謡集』牧内武司編　新葉社
『田辺海兵団神子浜　体験・追憶記　戦後五十周年記念』田辺東部郷土史懇話会記念誌編集委員会編　田辺東部郷土史懇話会
『地名の研究』柳田國男著　講談社
『伝えていこう子守歌　詩と音楽からの私的考察』植村遊子著・刊
『遠野のわらべ唄　聞き書き菊池カメの伝えたこと』伊丹政太郎著　岩波書店
『動物のうた』辻田功著　日本アート・センター
『童謡　心に残る歌とその時代』海沼実著　ＮＨＫ出版
『ナマハゲ』稲雄次著　秋田文化出版
『南吉と岩滑　歌綴』小栗大造著・刊
『日本童謡事典』上笙一郎著　東京堂出版
『日本のうた』椎葉京一・野ばら社編集部編　野ばら社
『日本の子守唄』宮内仁著　近代文芸社
『日本の子守唄　民俗学的アプローチ』松永伍一著　角川書店
『日本の唱歌』金田一春彦・安西愛子編　講談社
『日本民謡名曲集』服部龍太郎編　河出書房
『日本のわらべうた　室内遊戯歌編』尾原昭夫編著　文元社
『日本わらべ歌全集』尾原昭夫著　柳原書店
『藩史事典』藤井貞文・林陸郎監修　秋田書店
『挽歌　五木の子守唄』上野てる緒著　エコセン
『人を育てる唄　遠野のわらべ唄の語り伝え』阿部ヤヱ著　エイデル研究所
『仏教音楽への招待』飛鳥寛栗著　本願寺出版社
『風土記の世界』三浦佑之著　岩波書店
『民間伝承』民間伝承の会編　国書刊行会
『民謡へのいざない』浜田秀雄著　三六書房
『尾久島、もっと知りたい（自然編）』中田隆昭著　南方新社
『呼びかけの唄　遠野のわらべ唄の語り伝え2』阿部ヤヱ著　エイデル研究所
『わらべうた』真鍋昌弘・吾郷寅之進著　桜楓社
『わらべうた　日本の伝承童謡』町田嘉章・浅野建二編　岩波書店

※このほか多くの皆様から資料提供をいただきました。心から御礼申し上げます。（著者）

西舘好子（にしだて・よしこ）

一九四〇年十月五日、東京浅草生まれ。かもじ職人・内山東太郎の次女。大妻高等学校卒業後、電通に勤務。一九六一年、作家・井上ひさしと結婚。三女をもうけるが一九八九年に離婚。一九八二年に劇団こまつ座、一九八九年に劇団みなと座を主宰。一九九五年、スポーツニッポン文化大賞を受賞。子どもの虐待、女性問題に関する活動などに精力的に取り組み、二〇〇〇年に特定非営利活動法人日本子守唄協会を設立。二〇二二年十一月に群馬県下仁田町で子育て支援の女性自立村「ねぎぼうずプロジェクト」事業を創設、その活動を推し進めている。

日本の子守唄 「ねんねんころり」のふるさとへ

2023年6月27日　初版第1刷発行

著者　**西舘好子**

発行者　平川智恵子
企　画　特定非営利活動法人夢ラボ・図書館ネットワーク
発行所　株式会社ユニコ舎
〒156-0055 東京都世田谷区船橋 2-19-10 ボー・プラージュ 2-101
TEL 03-6670-7340　FAX 03-4296-6819
E-MAIL info@unico.press
印刷所　大盛印刷株式会社

題　字　宮絢子
装　画　毬月絵美
楽　譜　原荘介
装　丁　芳本亨

協　力　特定非営利活動法人日本子守唄協会

ISBN978-4-911042-03-8 C0039
定価はカバーに表示してあります。
乱丁・落丁本はお取り替えいたします。